陕西省哲学社会科学重点研究基地核心价值观培育与红色
传承协同创新研究中心组编
核心价值观培育与红色文化基因传承系列丛书（六）

王丽君 著

核心价值观培育与红色
文化基因传承系列丛书

新媒体时代
高校思政教育
理论与实践

XINMEITI SHIDAI
SIZHENG JIAOYU GAOXIAO
LILUN YU SHIJIAN

陕西新华出版
陕西人民出版社

图书在版编目（CIP）数据

新媒体时代高校思政教育理论与实践 / 王丽君著 . —— 西安：陕西人民出版社，2024. —— ISBN 978-7-224-15445-0

Ⅰ. G641

中国国家版本馆 CIP 数据核字第 2024DM2060 号

责任编辑： 许晓光
整体设计： 姚肖朋

新媒体时代高校思政教育理论与实践

作　　者	王丽君
出版发行	陕西人民出版社
	（西安市北大街 147 号　邮编：710003）
印　　刷	广东虎彩云印刷有限公司
开　　本	787 毫米×1092 毫米　1/16
印　　张	10.25
字　　数	140 千字
版　　次	2024 年 8 月第 1 版
印　　次	2024 年 8 月第 1 次印刷
书　　号	ISBN 978-7-224-15445-0
定　　价	68.00 元

总 序

陕西省哲学社会科学重点研究基地——核心价值观培育与红色文化基因传承协同创新研究中心为中共陕西省委宣传部、陕西省社科规划办批准，于2016年1月在陕西学前师范学院设立的省级哲学社会科学重点研究基地。基地以马克思列宁主义、毛泽东思想、邓小平理论、"三个代表"重要思想、科学发展观、习近平新时代中国特色社会主义思想为指导，以社会服务为要务，以科学研究为发展根基，以资政和政策研究为主攻方向，以人才培养为基础，以协同创新为动力，着力研究核心价值观培育与红色基因传承的重大理论问题和现实问题，进行核心价值观培育与红色基因传承的实践探索。

社会主义核心价值观是中国特色社会主义的文化精髓和当代中华民族的精神底蕴，体现了仁人志士的夙愿，体现了革命先烈的理想。红色文化是孕育社会主义核心价值观的根脉源泉，红色文化具有引领社会价值追求、凝聚思想共识功能。红色基因是红色文化的内核，要在传承红色基因中培育和弘扬社会主义核心价值观。

培育和践行社会主义核心价值观不传承红色基因就会迷失方向而失去社会主义性质。红色基因是框定社会主义核心价值观性状的生命线，红色基因以思想、文化形态存在并传承，既具有文化基因的共同特征，又具有独有特征，它具有保证核心价值观的社会主义方向、丰富核心价值观的精神内容、引领核心价值观的真善美风尚、夯实核心价值观共同理想基础的作用。

红色基因体现于社会主义核心价值观中。社会主义核心价值观回答了我们要建设什么样的国家、建设什么样的社会、培育什么样的公民的重大问题。红色基因历史地丰富并最终孕育出这些重大问题的答案，以生命线的地位和异彩缤纷的内容具体体现在社会主义核心价值观中。社会主义核心价值观是红色基因框定的国家价值目标、社会价值取向、个人价值准则。

多卷本核心价值观培育与红色文化基因传承系列丛书，汇聚各方面专家学者之力，聚焦核心价值观培育和红色基因传承，集中进行社会主义核心价值观研究、革命文化研究、红色基因传承研究、红色经典传播研究（美术方向、音乐方向、文学方向等）、红色文化产业发展研究、红色基因传承与意识形态建设研究。在对核心价值观培育和红色基因传承中的理论和实践问题进行全面研究的同时，重点打造青少年核心价值观培育和红色基因传承的研究优势和特色，对青少年核心价值观培育和红色基因传承发挥积极的引领作用。

通过编辑出版多卷本核心价值观培育与红色文化基因传承系列丛书，努力把核心价值观培育与红色文化基因传承协同创新研究中心建设成为研究方向明确、研究队伍实力雄厚、研究特色鲜明、研究水平较高、研究成果丰硕的核心价值观培育传播阵地、红色基因传承创新基地、思想理论战线上的新型智库。

陕西省哲学社会科学重点研究基地核心
价值观培育与红色文化基因传承协同创新研究中心

前　言

美国学者卡斯特曾说："作为一种历史趋势，信息时代的支配性功能与过程日益以网络组织起来。网络建构了我们社会的新社会形态，而网络化逻辑的扩散实质地改变了生产、经验、权力与文化过程中的操作和结果。"[①]在网络时代，可以说谁掌握了网络，谁就控制了信息，谁就拥有了整个世界。网络时代背景下，网络生存方式已经深深地融入高校大学生的学习和生活之中，成为不可或缺的重要组成部分，同时给高校大学生思想政治教育工作带来了冲击和挑战。网络新媒体传播的特性决定了其内容的复杂性和多样性，这对思想意识还处在未成熟期的高校学子来说造成了巨大的影响。

2023年8月28日，中国互联网络信息中心（CNNIC）在京发布了第52次《中国互联网络发展状况统计报告》。"报告显示，截至2023年6月，我国网民规模达到10.79亿人，互联网普及率为76.4%。同时，互联网即时通信用户10.47亿人，网络视频用户10.44亿人，短视频用户10.26亿人。手机网民规模达到10.76亿，较2022年底增加1109万人，上网比例99.8%。"[②]当代大学生是伴随着网络新媒体发展而成长起来的年轻一代，他们生活的校园环境、身处的社会环境、面临的舆论环境，都已经发生了翻天覆地的变化，他们的思想和价值观念呈现多元、多样、多变的特点。一方面，大学生可以利用网

[①] [美]纽曼尔·卡斯特. 网络社会的崛起[M]. 夏铸九，等，译. 北京：社会科学文献出版社，2001：569.

[②] CNNIC发布第52次《中国互联网络发展状况统计报告》[OL]. http://www.cac.gov.cn/cnnic52/index.htm.

络获取更多的信息，充实自己的生活，为学习和生活增添更多便利和趣味，可以说网络生活已经成为他们重要的生活方式之一；另一方面，若大学生对网络的应用不当，网络也会给大学生的生活和学习带来消极影响，不利于大学生的成长发展。中共中央、国务院在《关于进一步加强和改进大学生思想政治教育的意见》中指出："面对新形势、新情况，大学生思想政治教育工作还不够适应，存在不少薄弱环节"，必须要"在继承党的思想政治工作优良传统的基础上，积极探索新形势下大学生思想政治教育的新途径、新方法，努力体现时代性，把握规律性，富于创造性，增强实效性"。可以预言，网络思想政治教育工作的成败甚至会影响到社会主义道路的建设和发展。习近平总书记强调："在激烈的国际竞争中，唯创新者强，唯创新者胜。"国家繁荣、民族兴旺离不开创新，同样，创新也是思想政治教育的生命力。新媒体时代大学生思想政治教育只有跟上时代发展的步伐，秉承国家最前沿的发展理念，才能在实践中凸显出强大的生命力。高校教育工作者需要不断进行理论创新，尤其是在面对由新媒体传播所引发的人生观和价值观的困惑和冲突时，思想政治教育工作者如何适应这一飞速的变化，如何实现"传道、授业、解惑"？这对高校思想政治教育工作者提出更高的要求。因此，如何抓住新媒体时代的机遇，趋利避害，实现大学生新媒体思想政治教育实效性的最大化，是当前学术界急需解决的一个重要理论课题，也是我国社会意识形态建设和国家文化软实力建设的重要任务。

当前，我国思想政治教育尚不能自如地解决当前网络时代的新任务，学术焦点过多地停留在对网络思想政治教育运用形式上的研究，而没有从整体上去探求其内在本质和规律，对新媒体条件下思想政治教育的研究和探索还需要进一步深入，因此，有必要进一步加强大学生新媒体思想政治教育的理论和实践研究。

一是高校新媒体思想政治教育实践发展的需要。大学生新媒体思想政治教育从最初产生到今天已经走过了20多年的光辉历程，从最初的恐惧、质疑到如今的欣然接受,这期间每一步的发展都饱含了思想政治教育工作者的心血。经过了几代"思政人"的努力,高校新媒体思想政治教育的实践取得了一定的成效和进步,但还有许多问题亟待解决,最突出的问题就在于研究的针对性不强,效果还不够理想。比如许多思想政治教育网络新媒体平台在建设时,过多注重提供一些理论层面的信息和资源,忽略了大学生网民与教育者之间的交流和互动。也正是由于这一原因造成过去一段时间,新媒体条件下大学生思想政治教育更多停留在对现实思想政治教育的简单网络复制上,只是将教育的内容原封不动地搬到网络新媒体上来,因此造成了一些大学生对这种形式的教育宣传方式不屑一顾甚至反感。正是理论发展的迟缓严重影响了网络新媒体思想政治教育能力的有效提高。不能简单地将其理解为"大学生思想政治教育"与"网络环境"的简单叠加,更重要的是它是一种全新的教育手段、理念和方式,有其系统性、规律性和内在逻辑。对于新媒体时代大学生思想政治教育的研究还只是停留在"皮毛",还需要进一步加深,要勇于实践,解决新媒体时代大学生对思想政治教育的需求与高校思想政治教育的实施现状之间的矛盾。实践必须在理论的有效指导下才能不断取得成功,只有不断从理论上、实践上解决新媒体条件下大学生思想政治教育中存在的问题,才能最终将教育"理想"化为"现实"。

二是高校新媒体思想政治教育理论研究的需要。理论发展的动力源泉就在于不断创新,因此,教育理论研究要符合网络时代学科建设的发展趋势。网络技术的发展日新月异,其对整个社会的各个方面都产生了深刻的影响,因此也催生出了一系列新兴边缘学科,如网络哲学、网络政治学、网络心理学、网络传播学、网络行为学等。同样,在网络时代的背景下,大学生思想政治教育中的矛盾和规律、内在机理、实现路径和评估反馈等方面都发生了深刻的变化,这就需要对其进一步加深研究,在实践中寻找课题,分门别类、深入机理地进行研究,将最新的研究成果运用到实践的指导当中去。同时,只有不断加深教育研究的深度和广度,才能增强实效性并发挥影响力。在过去 20 多年的发展中，高校新媒体思想政治教育中存在的一个突出问题就是过于偏重对于实践教育的探讨，而忽视了理论研究的深入；过于偏重对细枝末节问题的追究，而忽视了对全局性问题的掌控。要想切实提高高校新媒体思想政治教育的教学效果，就要总结经验、梳理体系、揭示本质，形成现代的、符合中国国情的高校新媒体思想政治教育理论体系。

本研究正是基于以上原因提出的，从我国高校新媒体思想政治教育的理论依据、发展历程和趋势、矛盾和规律、内在机理、实现路径、评估与反馈等方面做了探讨，把握根本才能引领成长，掌控全局才能引导方向，才能使高校新媒体思想政治教育发挥出更大的优势和能量。

目 录

第一章 新媒体时代高校思政教育概述 \ 001

 第一节 新媒体与高校思政教育 \ 004

 第二节 新媒体思政教育 \ 011

 第三节 高校新媒体思政教育的主要内容 \ 019

第二章 高校新媒体思政教育理论依据 \ 029

 第一节 高校新媒体思政教育的指导理论 \ 031

 第二节 高校新媒体思政教育的基础理论 \ 036

 第三节 相关理论借鉴 \ 039

第三章 高校新媒体思政教育的发展 \ 047

 第一节 高校新媒体思政教育的发展历程 \ 049

 第二节 发展趋势：探索完善线上线下协同育人模式 \ 056

第四章 高校新媒体思政教育的矛盾与规律 \ 063

 第一节 高校新媒体思政教育的矛盾 \ 065

 第二节 高校新媒体思政教育的运行规律 \ 072

第五章 高校新媒体思政教育的内在机理 \ 081

 第一节 高校新媒体思政教育的构成要素 \ 083

第二节　高校新媒体思政教育的运行环节 \ 091

第六章　高校新媒体思政教育的实现路径 \ 099

第一节　开设高校思政在线课堂 \ 101

第二节　建设高校思政教育主题网站 \ 108

第三节　充分利用微媒体手段 \ 119

第四节　新媒体背景下国外相关教育经验 \ 123

第七章　高校新媒体思政教育评估 \ 135

第一节　高校新媒体思政教育效果评估的内涵 \ 137

第二节　高校新媒体思政教育评估的内容 \ 141

第三节　高校新媒体思政教育评估方法 \ 145

参考文献 \ 150

后　记 \ 153

第一章

新媒体时代高校思政教育概述

第一章 新媒体时代高校思政教育概述

网络的出现改变了人们的生活，拓展了人类的生存方式，对人们的思想观念和道德品质的形成和发展产生了深远的影响。本章在厘清网络新媒体对大学生思想政治教育所产生的影响的基础上，进一步探讨高校新媒体思想政治教育的概念、特征、原则和主要内容。一方面，新媒体为高校思想政治教育创新提供了广阔的空间和发展机遇。从技术上，新媒体为高校思想政治教育搭建了一个理论与实践结合的全新平台。新媒体以信息量大、资源丰富、传输迅速、不受时间空间限制等优势，丰富了思想政治教育的内容，扩展了教育平台。新媒体教育有别于传统课堂教育，为思政教育提供了丰富的教学载体。传统教育通常以课堂为主，而新媒体教育不受空间限制，其载体众多，教学灵活性高。学生可以通过网络课程、手机载体等方式接受思想政治教育，学习方法更为灵活，可以通过网站、论坛、微博、微信等学习方式促进学习和进步，同时能够满足自身对知识的渴求。新媒体技术已经成为新时代的一种全新的教学方式。另一方面，新媒体时代也向传统高校思想政治教育提出了严峻的挑战。新媒体时代下，大学生的思想观念、价值取向、政治理想、道德品质等方面与以往时代发生较大变化。以网络为载体的新媒体信息的全球性交流和共享及其内容的整合性对大学生的思想意识造成了巨大的冲击，使得主流世界观、人生观、价值观遭到侵蚀，更加剧了大学生思想上的迷惘和困惑；新媒体文化具有很强的市场导向性和功利性，这就使青年大学生越来越注重个人价值的实现，而看轻集体价值的作用，表现出很强的功利色彩；在新媒体构建的虚拟空间里，他律道德被自律道德所取代。人们在网上是否遵守道德规范，既不易被察觉和监督，也不会受到制约。因此，对于初谙世事的大学生来说，无疑会放松对自己的道德约束，任由道德行为庸俗化。这些新媒体时代大学生思想领域发生的剧变都对高校思想政治教育提出了更高要求和挑战。

第一节　新媒体与高校思政教育

随着网络技术的发展和普及，当今社会已经步入互联网时代，网络已不再专属于某些特定人群，而是成为全社会所拥有的财富，并成为当代大学生接受思想政治教育的重要阵地和工具。对于高校学子而言，网络不仅仅是工具而且是伙伴，甚至成为"身体的一部分"。高校大学生是中华民族伟大复兴的希望与未来，在新媒体时代下，利用网络加强高校思想政治教育工作是培育大学生正确人生观、世界观、价值观的重要途径，因此，要对高校新媒体思想政治教育的相关问题进行探讨，首先就应对"网络"的相关内容进行界定。

一、关于网络新媒体

计算机网络是 20 世纪人类最伟大的发明之一，它的产生是人类迈向信息时代的重要标志。它以一种通信手段的形式产生，影响和改变着人们的存在方式，并进一步拓展了人类的生存状态，即网络生活化和生活网络化。网络的产生和发展经历了从简单到复杂、从低级到高级的过程。

网络最早来源于美国，是美国国防部为了应对苏联的人造卫星发射项目而设立的，最早的名称叫作"ARPANET"。我国真正迈入互联网的大门则是经历了一个漫长的努力过程，它是以 1993 年中国高能物理研究所与欧洲原子能物理实验室利用电话线实现了两个部门之间的电子邮件发送为标志的。1994 年 4 月 20 日，NCCF 工程通过美国 PSrint 公司开通了连入 Internet 的 64K 国际专线，正式实现了与 Internet 的全功能连接。尽管我国的互联网开始较晚，但发展速度十分惊人，由 1995 年的不足 6000 人，迅速发展壮大，根据最新的统计数据表明我国已经成为世界互联网第一大国。中国互联网络信息中心在 2023 年 8 月 28 日发布的第 52 次《中国互联网发展状况统计报告》显示，截至

2023年6月，我国网民规模已达10.79亿人，较2022年底增加了1109万人，网民中使用手机的人数达10.76亿人，网民使用手机上网的比例为99.8%。我国已经是名副其实的互联网"超级大国"。从某些方面甚至可以说，网络生活有取代现实生活之势，人们每天迫不及待地涌向网络世界，在网络中寻找自身的存在价值。

与网络发展相适应的是人们对于网络的定义也在不断演变。对于网络的定义是多样的，国内学者近几年来一直沿用的定义为："网络是一些独立自治的计算机互联起来的集合体。若有两台计算机通过通信线路（包括无线通信）相互交换信息，就认为是互联的。而独立自治或功能独立的计算机是指网络中的一台计算机不受任何其他计算机的控制（如启动或停止）。"[1]从网络的发展和使用情况来看，网络作为一种信息数字化产物，与传统的信息交流媒介相比具有鲜明的特性。首先，虚实双重性特征。网络最伟大之处就在于它实现了虚拟与现实的互通，将人类所有的现实行为都可以转化为比特形式。它将所有的事物转化为以0和1为代码的数字化形态存在，通过网络把人类的现实行为转化为网络虚拟行为，但其存在的基础却是人们真实的、现实的、客观的现实，从而实现了现实与虚拟的交融。其次，去中心化特征。网络否决了传统意义上的"中心社会"，将用户之间的平等性最大化，每个参与者都拥有了信息传递者和接收者的双重身份。在网络虚拟世界中，最大限度地模糊了国别、性别等差异性特征，将现实社会中的交往歧视最小化，真正实现了有史以来的人类社会平等的最大化。因此，网络真正实现了用户人人平等，信息人人共享。同时，网络通过信息的收发和交流把人与人紧密地联系起来，实现网络信息节点之间的交互。在网络空间当中，对于现实社会中的所有沟通顾虑都可以忽略不计，人与人之间的沟通更加真诚和深入。再次，开放兼容性特征。开放性主要是指在网络上发布信息具有更大的自主性，用户可以选择任何时间发布任何信息，同时这些信息是共享的。万维网之父——蒂姆·伯纳斯·李在谈到他对互联网的初衷时就指出互联网的最大价值就在于互联共通。因此，网络最基本的特征就在于开放性，正是由于这个特征，各

---

[1] 刘化君. 计算机网络原理与技术[M]. 北京：机械工业出版社，2005：11.

种资料、信息、学说、信仰等在互联网中得以共存，信息流动受到的限制较少。所谓兼容性特征是指网络兼容了传统媒体的诸多优势。它不仅具备了文字、声音、图像合一的特点，同时打破了时间和空间对于信息传递的束缚，实现了人们可以在任何时间和地点通过移动终端设备将信息传递出去。可以说，互联网对于传统社会的挑战是毋庸置疑的。可预见的是，网络将会全面超越传统的报刊、广播、电视等传播媒介成为新兴的"第四媒体"，成为人们获取信息、交流情感的重要渠道。

关于新媒体的定义，到目前为止还没有一个非常清晰的概念，但这并不阻碍我们对新媒体的广义界定，那就是：以计算机技术和网络技术为支撑出现的媒体型态，运用网络技术、移动技术、数字技术、将手机等移动媒体与互联网相连，实现便捷的信息传递，微信、微博、QQ、抖音、网络App、公众号、美篇等是网络新媒体形态的主要代表。但是，新媒体和"旧媒体"是相对来讲的，我们之所以将其称为新媒体，是由于其主要以数字化技术为依托，是一种给社会群众提供数字化效劳的"新"的技术手段。在新媒体出现之后，传统的媒体就"理所当然"被称为旧媒体了，并大有被新媒体取代之势。

在新媒体环境下，高校思想政治教育工作一方面获得了更有利的发展机遇，另一方面也迎来了挑战。新媒体时代中的信息技术与科学技术使高校思想政治教育在时空上的局限性得以缓解，缩短了人与人之间的距离，可以帮助学生获取更加便利的学习平台与学习环境。但与此同时，人们在现实生活中的交往能力不断下降，新媒体时代网络技术的发展使得高校思想政治教育的环境出现恶化，对思想政治教育工作造成了一定的困难。其中，最明显的问题就是大学生沉迷于网络从而带来一系列症状，如网络迷恋症、手机综合征、手机依恋症等。新媒体时代为人们提供了新的娱乐方式和精神放松的平台，人们可以通过网络获取精神发泄与放松的渠道，同时也引发了新的犯罪形式，高校思想政治教育工作由此面临更加复杂、更具挑战性的教育环境。

二、网络发展对高校思想政治教育工作的影响

网络时代大潮势不可当，网络已经渗透到大学生学习、生活的深层次中，对大学生意识形态领域和实践领域的影响毋庸置疑，同时也给高校的教育科

研和组织管理注入了新的生机和活力，甚至可以说打破了传统思政教育的格局，对新时代新媒体条件下大学生思想政治教育来讲，既是机遇又是挑战。

（一）网络时代对大学生思想政治教育的积极影响

网络生活已成为人类生存方式的重要组成部分，甚至有学者提出网络延伸了人类的存在内容。对于网络的作用和意义，无论是教育者还是受教育者都有各自不同的认知，并以此衍生出了对于网络的不同视域。发展催生变革，当外在的教育环境发生变化时，作为教育工作者要保持清醒的认知，明确其可能引发的各种变化和影响。

首先，网络环境下实现了教育资源的空前丰富并提高了教育的时效性。由于客观因素的制约，传统思政教育往往存在内容单调、陈旧等缺陷，教师在讲授时更多地侧重于政策文件的解读，理论性强，这无疑加大了学习者的学习难度。而在网络时代，网络信息可谓浩如烟海、包罗万象，学习者只需几下键盘的输入和鼠标的移动就可以快速获得需要的信息，伴随着网络的普及，信息的获取效率也变得越来越高。使用互联网资源进行学习，可以完全打破课本和课堂的束缚，学习国内外优秀的教育成果，扩展知识内容，实现教育的互联互通。大学生在进行学习的同时，可以更加关注于自己的学习兴趣和学习需要，有的放矢，极大地促进了教育的个性化发展。同时，即时传播也是网络信息传播的巨大优势。第一手的信息和资料往往具有更强的说服力。传统的思想政治教育往往是上级政策和文件下发，教育者理解精神之后再进行专门备课，信息经过长时间的层层传递，使得大学生思想政治教育的时效性大打折扣。此外，网络信息传播的巨大速度优势，使网络空间没有了地域和时间的限制，大学生们可以快捷迅速地了解国内外发生的大事以及社会的热点问题和突发事件等，并可以通过网络快速发表自己的相关看法，提高了教育的即时互动性。

其次，网络的发展为教育方式和手段的科技化、智能化提供了技术支撑。高校传统的思政教育更多的是以讲座、班会、座谈会等形式开展的，虽然具有自身的优势，但是无法满足当代大学生的认知需求。网络的发展弥补了传统授课的缺陷，通过资源整合将思想政治教育迁移到网络平台。同时，技术的更新发展也在不断为高校思政教育提供着新的教育方式和手段。比如，许多高校思政教育工作者通过QQ、微博、微信、手机等工具尝试打破传统教育模式的束缚，开拓创新运用新媒体进行思想政治教育新境界，不断拓宽高校思想政治教育的渠道。将教育信息通过文字、声音、图片、视频等方式传递给学生，以更好地激发和刺激学生的好奇心和求知欲，使其能够更加直观地理解和接受教育内容，取得更好的思想政治教育效果。同时，教师可以将网上热点问题搬到课堂上来讨论，也可以将学校的学习内容放到网上来传播，真正实现了线上与线下协同的立体式教学。高校教育工作者还可以通过建立班级QQ群、校园微博、校园公众号平台等方式，开展热点讨论、心理疏导、困惑解答等活动，增强与学生的交流互动，从而提高教育的实效性。

最后，网络增强了教育的吸引力和感染力。传统思想政治教育主要是通过"教师讲，学生听"的方式来进行，教育活动基本处于教育者的控制之下，更多的体现的是教育者的意志，造成了双方地位的不平等，很难真正做到平等交流，这在一定程度上造成了教育者"一厢情愿"，而受教育者"无动于衷"的局面，极大地影响了学生的学习积极性。网络的出现从根本上扭转了这一局面，将教育的"指挥棒"递到受教育者手中，真正使学生成为课堂的主人。网络交流方式打破了传统人际交往模式，使师生之间迅速突破身份的束缚，完全平等地、坦诚地进行交流、沟通和学习。这大大增强了教育活动的针对性和参与度，使教育过程成为受教育者获得积极、愉快、成功体验的过程，使教育拥有更强的亲和力和感染力，从而使教育者与受教育者实现双向沟通，真正起到"深入人心"的作用。同时，网络思政教育积极尝试和推广使用网络多媒体手段，借助一系列现代化的教学设备，如计算机网络、高清摄像机、数字工作室、网络平台、各种制作软件等，将文字、图像、视频、动画等要素结合于一体，以各种形式呈现在学生面前，有助于将复杂的问题简单化、抽象问题具体化、枯燥的问题趣味化、深奥的问题直观化，从而最大限度地吸引受教育者的学习兴趣和注意力。

（二）网络时代对大学生思想政治教育的消极影响

任何事物都是有两面性的，网络在推动大学生思想政治教育发展的同时，也引发了很多问题。

首先，教育者的传统权威地位受到挑战。网络改变了传统教育模式中以

"教育者为中心"的态势，削弱了教师对教育过程的掌控。互联网使得教育者从单纯的知识传授者转变为教学信息的处理、组织与设计者，由原来的传统知识权威转变为平等的交流者和辅助者，甚至是学习者。在网络环境下，教育者不一定比受教育者掌握更多的教育资源，甚至在某些情况下，需要向受教育者学习。学生不再单纯地依赖于教师的讲授，而是可以自发自觉地在网络中寻找自己真正感兴趣的知识，并对各类知识进行有目的地选择、归纳、分析、学习。他们对于各类社会事件的发生、发展情况了如指掌，及时对社会热点进行关注与追踪，不出门就可以知晓天下大事。相比较之下，由于网络意识薄弱和技术水平的束缚，很多教育者在教育过程中反而处于信息获取的弱势地位，这更进一步将教育者拉下"神坛"。此外，由于教育发生在虚拟的网络世界，具有更多的不确定性和随意性，教育者在网络环境中和受教育者所建立起来的教育关系可能随时因为某些突发状况而被迫终止。基于此，高校思想政治教育工作者急需更新教育观念，提高网络技能，重新拿回教育的主导权。

其次，增加了教育环境的复杂性。网络所具有的开放性等特点，打破了传统的国家疆域束缚，真正使整个世界连为一体，实现了资源和信息的共享。但同时，教育环境的风险指数也大大地增加了。其一，造成人们的价值观念趋向多样化。网上信息良莠不齐、鱼龙混杂，很容易对人们的价值取向造成困惑和混乱。特别是对大学生来说，他们涉世不深，价值观念还不成熟，很难区分别有用心者的信息传播，对于高风险的信息缺少预警意识，极易陷入不良信息的漩涡。甚至个别大学生在错误思想的影响下，人生价值取向发生变化，走向误区。其二，由于网络的开放性，一些西方大国利用其在科技和经济方面的优势，以网络信息为载体，输出他们的生活方式、人生观、价值观，宣扬资产阶级意识形态。他们通过这些言论的渗透来弱化青年学生的主流价值观，以实现他们的政治图谋。由于这些言论一度在网络中大量出现，导致一些青年学生对社会主义道路产生怀疑，甚至造成其对"中国道路"的实现缺乏信心。这些错误价值观念的传播给高校思想政治教育工作造成极大的困扰，不利于大学生正确价值观念的形成。

最后，传统理念和方法受到冲击。网络时代最大的特点就是"去权威化"

和"去中心化",造成了教育者的权威大打折扣,受教育者的主体意识增强,因此需要教育者及时转变教育理念和教育方法,树立"以学生为本"的教育理念,由传统的单向灌输式教育向双向交流式教育转变。所谓的"以学生为本"的教育理念是指,一方面要通过网络手段及时了解学生的思想动态、生活难题和情感需求等情况,给予及时的帮助和疏导;另一方面,在教育过程中要充分尊重大学生的主体地位,进行针对性、个性化的教育实践。要尊重学生的个性,真正做到与学生平等交流,增进师生情感,在潜移默化中引导学生,促进思想政治教育工作有效开展。同时,高校思政教育工作者还应转变教育方法。传统教学中,往往按照既定的教育方案进行讲授,这种灌输式教学往往很难引起受教育者的兴趣,甚至在某些情况下使其产生逆反心理。在网络环境下,教育更需要突破身份障碍,实现自由、平等的对话与交流,使教育内容真正深入人心,这就需要高校思想政治教育工作者紧跟时代步伐,勇于开拓创新,使大学生思想政治教育踏上网络的"快车"。

三、高校思想政治教育在新媒体时代的新要求

(一)新媒体时代高校思想政治教育的开放性与引导性

高校思想政治教育的开放性是指思想政治教育本身的开放性。这一方面是指高校教育受众的开放性,另一方面是指教育内容的开放性。高校思想政治教育受众的开放性是指教育受众不分年级,不管是何年级的大学生都要接受思想政治教育。教育内容的开放性是指只要是有益于高校学生身心健康发展的教育内容都可以用于思想政治教育。网络的虚拟性,获取信息内容的自由性、主体性、多样性以及开放性都是新媒体时代的主要元素,高校思想政治教育工作者与大学生在新媒体时代的环境中同样见证着教育媒介的进步与发展,由固定化变为移动化,教育媒介的控制度越来越低。网络技术的虚拟性使高校思想政治教育内容的传播方式变得更加便利,使教育方式更加符合当代大学生的需要,更加符合现代社会的发展。高校思政教育的引导性在于,教育工作者可以不受时间、地点、空间等条件的限制对高校大学生进行思想政治教育,可以随时随地地利用现代化信息技术对学生进行引导,帮助大学生树立正确的人生观、世界观、价值观。

(二)新媒体时代高校思想政治教育的平等性与互动性

新媒体时代不仅要求高校思想政治教育是一个开放的系统,而且要求高

校思想政治教育的互动性与平等性。高校思想政治教育之所以要求平等是因为在思想政治教育活动中需要教育工作者与大学生拥有平等的对话平台，使教育者与教育接收者之间的沟通可以建立在放松、平等之上，有利于教育者更好地接受大学生的意见，为高校大学生提供更有针对性的思想政治教育活动。反之，如果教育者与大学生之间的交流与沟通建立在不平等的基础之上，就会降低思想政治教育的成效。一是降低大学生的学习兴趣，使大学生的思想政治教育素质大幅度下降。二是引发大学生与教育工作者之间的矛盾，甚至使两者对立起来。新媒体时代的平等性使高校思想政治教育活动的主体与教育主体的关系变得更加友好、更加密切，促进高校思想政治教育工作进一步发展与进步。教育者与大学生之间充分互动，有益于高校思想政治教育环境向和谐、平等的方向发展，既可以提高思想政治教育工作的亲和力，也能够提高大学生的创造力与学习的主动性。

（三）新媒体时代高校思想政治教育的服务性

高校思想政治教育的服务性在于为大学生的成长提供服务，帮助大学生树立正确的人生观、价值观、世界观。人生观是人们对人生的看法，正确的人生观有助于大学生获得更好的成长经历；世界观是人们对整个世界、整个社会、环境的基本看法和观点，世界观反映人们在待人接物上的观念与想法；价值观则反映着人们对客观事物重要性的评价，正确的价值观可以使大学生在面临诱惑时做出正确的选择。正确人生观、世界观、价值观的形成是高校思想政治教育的主要内容，也是大学生的主要学习任务。在新媒体时代，高校思想政治教育的服务必须面向全体大学生，为大学生思想观念的形成提供便捷的服务，帮助大学生解决思想上的问题与学习上的困难，帮助大学生建立正确的人际交往关系。新媒体时代高校思想政治教育的服务理念更加具有针对性与丰富性，为大学生的发展提供更加有效的渠道。

第二节　新媒体思政教育

网络的发展深刻地改变着我们每个人的学习和生活，并由此产生了网络时代背景下的思政教育新形态——高校新媒体思想政治教育。下面主要对高校新媒体思想政治教育的概念、特征、原则和内容等进行分析，以便为下一步的研究奠定理论基础。

一、高校新媒体思想政治教育的概念

对于什么是高校新媒体思想政治教育，可以说学界经历了一个不断研究和探索的过程。在不断研究探索的过程当中，学者们对于"新媒体"与"思想政治教育"的关系有了新的认识和理解，逐渐摆脱了过去单纯地把"新媒体"作为"思想政治教育"的工具这一认识，开始重新审视和思考二者之间的新定位。那么到底什么是高校新媒体思想政治教育？研究的切入点不同，也就产生了不同的概念解读。综合当前的研究成果及教育实践，高校新媒体思想政治教育的概念可以从狭义和广义两个维度来理解和界定。

（一）狭义维度："新途径"下的大学生思想政治教育

对于新媒体思想政治教育的概念从很早就有学者进行了探讨，但由于当时正处于网络技术发展的初级阶段，所以更多的学者是把"新媒体"作为"思想政治教育"的一种新载体来认识和研究的，这也就造成了在相当长的一段时间，我们在理解新媒体思想政治教育的时候更多是从工具价值的范畴进行理解和探讨。学者张建松认为，所谓新媒体思政教育就是利用校园网络开展学生思想工作。这是可以查询到的国内最早对于新媒体思想政治教育的概念界定。之后，刘梅在此基础上进一步提出，新媒体思想政治教育的最大特点就是计算机手段的使用。可以看出，无论是张建松还是刘梅，在界定新媒体思想政治教育的时候，更多的是把"新媒体"作为一种传播的媒介或载体来进行研究的。这种研究角度和思路也就决定了，对于"新媒体"与"思想政治教育"的关系在进行探讨的时候，"新媒体"更多的是处于从属地位，对于"新媒体"的价值也更多体现的是工具价值。可以说这个角度的概念界定和价值判断在互联网技术发展的初期，是具有一定的积极意义的，它给之后的学者提供了一种有效的研究思路，即从"新媒体"与"思想政治教育"之间的关系为切入点进行研究，基本上以后一段时期内的学者也沿用了这样的研究思路。然而，随着新媒体的不断发展和教育实践的不断深入，仅仅把新媒体作为一种手段或工具的研究方式显然已经无法满足理论和研究的进一步深入。

新媒体思政教育是随着网络技术运用的发展而发展的。在互联网技术刚刚在中国推广的时期，尽管很多学者意识到了新媒体可能会对思想政治教育产生一定的影响，但远远没有预想到会产生后来如此深远、如此深刻的教育变革。可以说在这个时期的新媒体思想政治教育的研究出发点和研究目的是更好地将新媒体传播手段运用于思想政治教育的实践，借助新媒体途径达到教育宣传的目的。然而随着互联网技术的不断发展与推广，这种狭义的仅把新媒体作为工具的界定暴露出越来越多的问题，比如互联网的发展已经超出了工具价值领域，开始成为一种生活理念存在于人们的意识当中，进而渗透到我们生活的方方面面，甚至网络虚拟空间的生活成为一大批年轻人更加热衷的存在方式。鉴于这些问题的不断暴露，越来越多的学者尝试对其进行完善。然而虽然一些学者对新媒体思想政治教育的概念进行了不同角度的扩展，但基本上仍然延续了把"新媒体"作为"思想政治教育"的从属和工具这一研究思路。从以上学者的观点和研究思路我们可以看出，新媒体在最初进入思想政治教育研究领域时，更多的是一种技术工具的存在，把新媒体作为传播工具的教育新途径。

（二）广义维度："新环境"下的大学生思想政治教育

网络大潮下所引发的各种变革让学者们逐渐意识到不能单纯地把"新媒体"视为"思想政治教育"的新途径和新工具，必须以一种全新的方式来定义新媒体对于思想政治教育的功能引领。并且随着实践的逐步发展，我们发现新媒体并不再是单纯的工具了，而是渗透到生活的方方面面，甚至在改变着我们的生存方式。于是有的学者开始从人的生存方式、从人的本质属性层面进行研究和定义，进一步拓展了新媒体思想政治教育的概念范围。如曾令辉等学者进一步完善了"新媒体思想政治教育"的概念界定，认为："所谓的新媒体思想政治教育，是指一定阶级、政党、社会团体用一定的思想观念、政治观点、道德规范，通过现代传媒——计算机网络对其受众施加有目的、有计划、有组织的影响，使他们形成符合一定社会、一定阶级所需要的思想品德的社会实践活动。"[1]这个概念的界定可以说是在前人的基础上从内容上进一步做了有效的扩展，并对新媒体思想政治教育的要素进行了界定。韦吉峰也进一

---

[1] 曾令辉，邓军，陆慧．网络思想政治教育概论[M]．南宁：广西民族出版社，2002：47．

步提出，新媒体思想政治教育是一项网上双向互动的虚拟实践活动。从其观点我们可以看出，韦吉锋又进一步延伸和发展了曾令辉的定义，提出新媒体思想政治教育不同于传统思想政治教育的特别之处在于它的"虚拟性"。网络新媒体思想政治教育，就是把网络新媒体运用于思想政治教育，是一种全新的思想教育理念和教育模式，是高校思政教育发展的一种新趋势。

分析上述观点我们不难发现，学者对新媒体的认识有了更深一步的理解，甚至将其与人类的生存方式联系在了一起。伴随着网络信息技术的兴起和普及，网络实现了与人类活动的"捆绑"，新媒体思政教育已经不仅仅是对于传统思政教育的手段和方式的延伸，而是一种基于人类全新生存方式的适应。信息网络技术所形成的教育平台和教育资源，通过数字化手段实现了对现实政治教育内容和方法的创新和突破，推动了新时代思想政治教育的新发展。正是基于以上原因，我们可以把新媒体思想政治教育视为当代思想政治教育的一种新形态。

二、网络新媒体条件下思想政治教育的主要特征

尽管新媒体思想政治教育是时代发展的必然产物，但这并不代表高校新媒体思想政治教育仅是"新媒体"与"大学生思想政治教育"的简单叠加和组合，而是运用新媒体进行思想政治教育的区别于传统的全新教育理念。

（一）教育主体间的平等性和互动性

传统思想政治教育活动中，由于教育者所处的权威地位，教育活动基本由教育者所控制和掌握，教育者处于主导，受教育者则被动接收。新媒体的出现一方面实现了教育主体间的地位平等，另一方面也增强了主客体的不确定性。新媒体作为一种全新的信息载体传输方式，不仅为多元化思想的并存和交流提供了公共平台，而且也使得教育主体之间实现了真正的平等性。新媒体使得参与主体自身的差异性统统不复存在了，彼此之间实现了无差别性的平等交往。同时，在新媒体领域，大学生往往能够更加快速地学习和掌握先进技术，能够通过新媒体获取需要的知识和资料。相反，一些高校教师由于没有及时更新教育理念和技术，常常处于信息获取的弱势地位，反而需要向年轻人虚心求教。正因为在新媒体领域中真正实现了教育主体双方地位的无差别化，施教者与受教者之间传统师生关系发生改变，教育者的角色从"独

奏者"过渡到"伴奏者"，从对学生机械式的灌输转变为沟通和引导，师生间通过各种网上和网下途径进行沟通互动，大大增加了互动的频率。

（二）教育环境的虚拟性和复杂性

在过去的教育活动中，教育环境是相对稳定的实体，通过视觉、嗅觉可以直接接触得到，实实在在。网络以虚拟数字技术构建了一个虚拟空间，它的存在状态是无形的，万事万物都以比特的形式存在，人们之间的情感表达和交流通过符号而传递，世间的一切构成都可以转化为数字化的虚拟存在。同时，现实环境中的教育活动因新媒体技术的介入有了更加多样化的形式，人们可以通过新媒体学习知识，通过新媒体在线讨论，通过新媒体答疑解惑，新媒体几乎可以实现现实当中的一切教育诉求，在现实环境中不可能实现的教育活动，也可以通过新媒体手段变为现实。同时，由于网络的开放性特征，致使网上信息鱼龙混杂、良莠不齐，而由于受到网络技术的限制，新媒体的运用很难做到完全的把控，这就大大增加了教育环境的多变性和不可控性。大学生自身正处在人格发展的关键时期，抗干扰能力相对较弱，极易成为网上不良信息的干扰对象。鉴于此，只有不断强化对大学生思想信念的价值引领，才能应对新媒体时代的考验，将新媒体使用中的不良影响降到最低。

（三）教育内容的开放性和丰富性

互联网的开放性特征决定了新媒体教育的内容也必须是开放的、多样的。大学生可以借助新媒体扩大知识范围，这很好地解决了课本知识的滞后性问题而实现教育信息的即时更新。同时，新媒体传播的快捷性打开了党和国家最新政策、方针的传播大门，突破了传统视域下由于客观因素而造成的传播弊端，打破了时空限制，提高了传播的效率。此外，新媒体传播的便捷性还体现在教育主体在获取信息的无差别上，大学生可以足不出户就获取当时代最新的资讯，扩大了视野范围，实现了主体间信息的同步交流互动。也正是由于新媒体思想政治教育的开放性特征，极大地增强了教育内容的丰富性。一方面，无数新媒体终端不断制造和传播着各种信息，新媒体思想政治教育信息甚至以几何级数递增，可以及时满足受教育者的学习需要；另一方面，新媒体思政教育信息的传播方式多样化，可以满足不同层次学习者的需要，实现立体交叉和动态传播，极大地增强了教育信息的传播力度。

（四）教育效果的实效性和广泛性

传统思想政治教育的模式下大学生处于被动的地位，主要通过"满堂灌"等形式进行知识的传授，大学生的能动性和积极性受到了严重的束缚，不利于知识吸收。在这种教育方式下，由于大学生的主体地位长期得不到重视，极易造成学习注意力不集中，甚至还可能会产生逆反心理，不利于教育目标的达成。与传统思想政治教育相比，新媒体思想政治教育恰恰注重大学生主体作用的发挥，更加注重教育过程中的互动和交流，将学习的主动权交还给学生，让学生真正成为自己学习的主人。这极大地提高了学生学习的积极性，学生可以通过新媒体平台参与交流讨论，培养发现问题和解决问题的能力，实现自我教育，提高了教育内容内化的效率，增强了教育的实效性。同时，教育效果的广泛性主要表现为教育对象的广泛性。新媒体教育打破了时间和空间的束缚，可以轻松实现"一对多"或"多对多"的教育实践，比如你的个人主页可被任意多的新媒体实践主体访问，你也可以通过新媒体平台实现与任意多的主体交换思想政治教育信息。

三、高校新媒体思想政治教育的基本原则

原则是人们在做具体工作中应遵循的基本要求和规定，它是人们实现预定目标的重要保证。高校新媒体思想政治教育的原则是指大学生在受教育过程中，正确处理各种矛盾关系所必须遵循的标准。在新媒体时代，由于高校思想政治教育存在的物质基础与生存环境发生了很大的变化，有了更加深入的内涵和更加丰富的内容，其具体原则也发生了转变。

（一）坚持政治导向与人文精神相结合的原则

方向决定一切，教育工作的开展必须以坚持正确的政治导向为原则，要坚持马克思主义的科学指导，把党和国家最新的理论成果作为教育开展的基本内容和原则导向。意识形态领域的教育最需要方向性的指导，如若偏离了马克思主义的指导，就会迷失方向，就会动摇立足和发展的基础。高校思想政治教育历来重视大学生对马克思主义理论的学习，通过各类思想政治教育课程的学习实现用马克思主义理论武装大学生的头脑，要求大学生不仅要掌握马克思主义基本原理，更重要的是能够领会马克思主义的精神实质，并且可以通过运用马克思主义的基本理论分析和解决问题。无疑这是高校思想政

治教育活动最首要、最根本的指导思想。无论是对传统的优秀发展成果的继承，还是根据时代发展要求所做出的创新，马克思主义指导思想是贯穿始终的，不断发挥着思想引领的作用。大学生学习马克思主义，不能将其固定化，限定在某个历史发展阶段，而是应该努力将马克思主义这一认识世界和改造世界的强大理论武器的威力发挥出来。在确保坚持正确的政治导向的同时，也要保证政治性内容与人文关怀协调发展。新媒体思想政治教育工作终究是做人的工作，要促进人自身的全面发展。新媒体思想政治教育工作在讲政治的同时，应从"现实的人"的需要出发，满足个人发展的需要。党的十八大报告中明确提出："加强和改进思想政治工作，注重人文关怀和心理疏导，培育自尊自信、理性平和、积极向上的社会心态。"教育源于现实需要，人的思想道德归根结底是由人的实践方式决定的。因此，新媒体时代的思政教育不能流于形式，必须坚持扎实有效的政治教育为核心，在显性教育和隐性教育双重作用下，让大学生逐步认识社会发展规律，清醒地意识到自身所肩负的国家发展和民族振兴的历史使命。高校新媒体思政教育应高度重视政治教育的细节性问题，对"该教什么"和"如何教"等基本问题要有清晰的认识，并能够活化到具体的实践中。就"该教什么"这一问题，高校新媒体思想政治教育首先要培养大学生扎实的理论功底、高远的政治视野以及敏锐的政治观察力，要帮助学生通过纷繁复杂的政治现象认识事件背后真正的政治动因，以此培养大学生的民族自信和爱国情怀。同时也要让当代青年学子切实体会到实现伟大中国梦的可行性，坚定不移地跟党走，只要各族人民同心协力，坚定不移地走中国特色社会主义伟大道路，这个梦想就一定会实现。

（二）坚持继承与创新相结合的原则

传统思想政治教育历史悠久，积累了大量成功的教育经验和教育方法，这些经验和方法曾在我党历史上发挥了重要的政治堡垒作用，是无可取代的精神财富，需要我们继承和发扬。同时，网络时代的教育环境又需要我们在前人的基础上不断发展和创新。创新是教育的原动力，教育者只有在掌握新媒体思政工作规律的基础上结合当代大学生的教育实际，创新发展新型教育手段和方式，利用最新的教育内容和成果，在继承前人优秀方法和经验的基础上研究新方式、新方法和新载体。失去了创新引领，高校新媒体思政工作就会裹足不前，最终被时代所抛弃。在新媒体思想政治教育过程中要坚持创新，首先就要解放思想，更新观念。观念的落后是导致教育实践发展不理想的内在因素，更新观念、创新机制是推进教育发展的关键。要突破和摆脱陈旧、不切实际的观念和思维方式的束缚，创造出符合时代要求的全新教育理念。同时，要强调高校新媒体思政教育对于师生需求的满足，要立足实际需要，用更加灵活的手段和表现形式打造思想政治教育的新天地。

当代大学生群体独立自主意识强，接受新事物的速度较快，网络的虚拟性、开放性、交互性、共享性等特征，赋予了他们对于教育更加挑剔的目光。基于这个现实因素，要求思政教育工作者在教育过程中应综合运用多种教育教学方法，注重对大学生群体进行思想的启迪和行为的引导。然而我们看到，在新媒体与教学的结合上，一些高校教师虽然也能使用新媒体教学，但在教学过程中仍高高在上，照本宣科，拘泥于书本的纯理论。既不理论联系实际，也不谈自己的心得体会，缺乏激情的调动、情感的渲染、理性的启发以及与学生必要的交流，从而忽视了大学生的主体性；还有的高校思政教育工作者在新媒体与教学的结合上，仅仅停留在以 PPT 代替板书上，只是简单地把书本的内容搬到了电脑屏幕上而已。其实，大学生思想政治教育的方法手段可以多种多样，可以是课堂讲授、社会实践、论坛讲座、志愿服务、自我教育等，尤其是新媒体在教育领域的广泛应用更加创新和丰富了教育的方法和手段，使得网上课堂、在线课堂等新颖的教学方式走进了高校思政教育教学领域。因此，广大高校思想政治教育工作者应在继承前人的基础上，与时俱进、开拓思维，不断创新教育方式和方法。

（三）坚持教育与服务相结合的原则

思想政治教育是塑造人、教育人的，要充分挖掘新媒体对大学生思想政治教育的有利因素，不断开发和创造有利的新媒体教育资源。要坚守新媒体宣传阵地，弘扬正能量，在坚持政治导向不动摇的基础上，根据受教育者的特点不断调整教育策略。要把先进思想文化渗透融入新媒体中，夯实共同思想基础，在营造和谐舆论环境、提供强大精神动力、培育文明道德风尚等方面下功夫，把新媒体真正建设为高校思想政治教育的坚强阵地，让新媒体教育功能在提高受教育者的思想政治素质过程中发挥重要作用。要进一步发挥新媒体信息传播的新闻功能、教育功能、宣传功能和娱乐功能，用新媒体的海量信息使大学生足不出户而知天下事、不进校门而拜天下师、不费分文而品天下文，在多姿多彩的信息高速公路和虚拟世界中查阅资料、学习知识、周游世界，感受更加丰富有趣的文化生活，切实提高新媒体思政教育的效果和质量。高校应组织一批理论功底深厚、教学经验丰富的马克思主义理论课教师，制作出一批既具有理论性又具有说服力的教学课件，发布于网上，既可以扩大马克思主义的宣传，也可以提高理论教育的广泛性，切实引导大学生形成符合马克思主义价值要求的思想观念。同时，校园网的建设应满足不同使用者的需求，可以根据大学生学习和生活的实际需要开辟有针对性的服务板块，满足使用者的多层次需求。

此外，教育的内容设置要"以人为本"，致力于为大学生的成长和成才服务。新媒体使用中的双刃剑效应决定了其一方面可以促进大学生学习生活的便利性，但同时也可能造成大学生群体的思想困惑，不利于主流价值观的引导工作。高校思政教育工作者应从当代大学生的实际需要和困惑入手，切实为学生们服务，为他们的健康成长助力。如果高校思想政治教育只注重宣传课本上抽象的理论知识，同学们就会感觉到离自己的生活很遥远，没有多大关系，对思想政治教育产生厌烦和抵触情绪，教育效果肯定不会理想。大学生群体中，每个人都是充满个性的，要想让思想政治教育受到每个同学的欢迎，教育者就必须深入到学生们的生活中去，利用新媒体媒介融入大学生的思想世界，了解他们的生活困惑、思想动态、情感状况和就业需求等，结合思想政治教育理论，为他们排忧解惑，解决他们的实际问题，获得他们的尊重和信任。

第三节　高校新媒体思政教育的主要内容

高校新媒体思政教育是推动大学生群体思想认知水平与社会发展同步的有力武器，能够保证受教育者的思想道德水平不断进步发展，在网络技术不断发展的条件下，这种功能和优势要想继续发挥，就必须紧跟时代脚步，适时调整内容设置。当然，高校新媒体思想政治教育的内容可以具有一定的自主性，在不偏离时代发展的大背景下，既要坚持吸收传统思想政治教育内容中的合理因素，又要突出网络时代社会主义核心价值观的引领作用，坚持与时俱进，勇于创新，使高校新媒体思想政治教育内容富有强烈的时代感和感染力。

一、社会主义核心价值体系教育

理论创新归根结底要反映在内容创新上来，作为高校思想政治教育核心内容的社会主义核心价值体系教育同样需要更新教育内容，迎合时代发展的潮流。因此，高校新媒体思想政治教育工作者要突破惯性思维，探索和总结新媒体思想政治教育的新途径和新规律，要增强社会主义价值体系的引领作用。

（一）理想信念教育

理想信念是人类在社会实践中逐渐形成的对未来发展的向往与追求。人们之所以能够对生活充满憧憬，努力生存下去，很大程度上是由理想信念支撑的，它也是人类最显著的超然个性体现。对于大学生而言，身处在人生的黄金时期，对于这个时期的他们开展理想信念教育将会让他们受益终生。开展高校理想信念教育活动的核心目标是通过教育手段引导广大大学生树立正确的人生理想，并倡导大学生自觉地将个人理想与伟大的社会主义事业相结合，让他们成为中国特色社会主义事业的忠实接班人。具体而言，对于大学生的理想信念教育应从以下几个方面入手：首先，帮助大学生将马克思主义的理想信念深植脑海之中。马克思主义的信仰教育是高校开展一切教育活动的根基，如果失去了其价值引导，就失去了社会主义理想信念的价值基础。要想让广大大学生树立坚定不移的共产主义理想，就必须要先让其具备马克思主义理论素养，形成正确的世界观。就我国大学生现状而言，对于社会主义和马克思主义的认识是从感性到理性的过程，他们最初在感性阶段很难形成马克思主义信仰，只有上升到理性阶段才能对马克思主义有更深刻的认识，也只有在这个阶段他们才会逐渐形成以马克思主义为核心的个人信仰。其次，引导大学生毫不动摇地坚持中国共产党的领导。自觉接受党的领导是以毫不保留地信任党为基础，同时对党的信任也是促使大学生坚决贯彻党中央的方针路线的先决条件。作为共产主义事业接班人的广大大学生，他们是未来中国特色社会主义道路的建设者,所以我们应进一步强化对这一群体的思想引导,强化其接班人身份,坚定其一心一意跟党走的决心。"全心全意为人民服务"是中国共产党的宗旨所在,党的执政地位是历史和人民的选择,是实现人民幸福的决定性因素。事实证明,已经积累了丰富执政经验的中国共产党是中国人民的希望所在,共产党人勇于修正错误、敢于坚持真理的广阔胸襟给广大群众展示了建设中国特色社会主义的决心与能力,大学生作为这一伟大事业的接班人应拥护党的领导,自觉投身中国特色社会主义建设伟大事业当中去。最后,要坚定大学生投身中国特色社会主义建设事业的决心和勇气。社会主义道路是中国人民和中国共产党在漫长斗争中摸索出的一条最适合中国未来发展之路。邓小平同志就曾为此做过深刻的阐述:"很多人对中国共产党坚持走社会主义道路是有疑问的,是不是不搞社会主义,中国人也能站起来?国民党从1911年开始搞资本主义,结果几十年过去了中国并没有摆脱半封建半殖民地社会,这也充分说明在中国搞资本主义是行不通的。但是中国共产党搞社会主义革命就取得了成功。"历史证明,只有社会主义道路才是适合中国人民的革命发展道路,也唯有坚持走社会主义道路才能迎来中国崛起的曙光。高校思想政治教育工作者要积极引导大学生树立坚定不移走中国特色社会主义道路的理想信念,让他们意识到社会主义制度是中国的必然选择,也是唯一出路,从而激励他们好好学习,为中国特色社会主义事业做出贡献。理想信念教育是新媒体思想政治教育的内核,广大大学生是未来建设的中坚力量,要通过正确的途径引导他们树立坚定不移的共产主义信仰,激励他们不断提升自我素质修养,成为一名合格的社会主义接班人。

(二)道德素质教育

道德素质教育即道德行为、道德规范以及道德观念这三个方面的教育,对于高校新媒体思想政治教育工作而言,道德教育是其关键内容,它指的是利用新媒体技术来引导大学生形成正确的是非判断力,增强网络伦理道德意识,自觉按照网络道德规范要求自己的言行。网络交往与现实生活中的交往不同,网络人际交往关系的建立往往是间接性的,很大程度上削弱了现实交往中伦理道德的约束力。基于这一情况,社会舆论对个体行为的约束力被大大削弱,唯有依赖以个体道德自律为主的网络道德。

这种网络道德需要大学生具有极强的自律性和自觉性，所以加强对大学生自我意识和自身道德素质的培养是极其必要的。首先，加强伦理意识和道德责任感意识。随着科学技术的突飞猛进，社会伦理的内容得到了进一步延伸扩展，比方说现代工业给地球环境带来的破坏、"克隆"技术的出现对人类的生命伦理提出的挑战，以及现代信息技术对各个国家政治生活的冲击等等。在互联网虚拟世界中，一些别有用心的人通过发布虚假信息、网络诈骗信息、传播计算机病毒，对大学生的网络道德意识造成冲击和影响。一些意志不坚定的大学生极易在这种网络环境中迷失自我，甚至忘掉自己的社会角色和社会责任，成为这些网络不良信息传播者和制造者的一员。因此，要帮助大学生们提高自觉和自律意识，使其在网上的行为符合自身的道德责任，并自觉抵制各种不良信息的干扰。其次，进行网络意识教育。高校思想政治教育工作者应帮助大学生正确看待网络的本质，了解网络的两面性，并通过正确地使用新媒体来提高获取知识的便利。最后，加强网络道德规范教育。自律是净化网络环境的核心所在，因此要想营造一个健康积极的网络环境，就必须以提高网民素质为主要途径，比方说要求发表的评论必须基于客观、公正、理性等原则，不应发布、传播、轻信缺乏正规消息来源的网络谣言。我国互联网协会在《文明上网自律公约》中就打出了"摒弃造谣诽谤、提倡互相尊重、摒弃弄虚作假、提倡诚实守信"的口号。

（三）爱国主义教育

爱国主义教育是高校思想政治教育的重要构成，因此，爱国主义教育同样也是高校新媒体思想政治教育的重要组成部分。爱国是公民的基本义务，也是公民重要的政治原则。爱国主义教育主要包括中国革命史教育、改革开放史教育、中华民族传统优秀文化道德教育和国家安全观教育，对于各大高校而言，不仅要建立起培养大学生爱国主义情操的课堂，同时还要通过一系列新媒体技术手段强化学生的爱国意识，比如通过新媒体平台内容建设，宣扬爱国主义精神。应充分利用新媒体这块新兴宣传阵地，用先进的科学思想熏陶我们的大学生，让广大大学生树立爱国主义情操，培养强烈的爱国主义情感，坚定为民族的复兴和国家的富强奋斗终身的信念。

二、大学生综合素质教育

素质教育一直是教育工作的重要内容。1999年6月，国务院便出台了《关于深化教育改革全面推进素质教育的决定》(以下简称《决定》)，在这一《决定》中，党中央指出"要全面实施素质教育，以培养学生实践能力与创新能力为核心，从根本上全面提高国民综合素质，培养出一批'有纪律、有文化、有道德、有理想'的德智体美劳全面发展的社会主义接班人"。我国实行的素质教育模式实际上是以培养学生综合素质为核心，旨在为建设中国特色社会主义事业输送人才。作为高等院校，有责任为国家培养高素质劳动者，开展全方位的素质教育也是现阶段各大高校的重要使命。

那么，该如何解读素质教育呢？首先，素质教育的培养目标是确定的，即培养全面发展的社会主义事业接班人，为建设中国特色社会主义奠定坚实的人才基础。其次，素质教育与传统教育的区别在于教育的方式不同。传统教育更多的是以灌输式教育为主，忽视了受教主体的主观能动性，不利于知识的有效内化；而素质教育通过营造良好的学习氛围，让受教育者耳濡目染，在不知不觉中得到全方位提升。再次，素质教育是一个整体，在于培养大学生的全面发展。素质教育主要包括四个方面，即创新素质、心理素质、人文素质及思想政治素质。这四个方面互为依托、相辅相成，形成了我国高校素质教育体系。最后，素质教育是时代使然。如今我国高校开展的素质教育具有典型的时代特征，那就是教育对象身处互联网的环境下，这也造成了很难通过单纯理论说教就达到教育的效果，这对高校思想政治教育工作提出更高的要求。只有加强和改进大学生思想政治的教育方法和途径，把受教育者自身的发展与思想政治教育相结合，才能真正被大学生们所接受。

中国是否能够崛起，人才是关键。大学生是最重要的人才资源，是实现中国梦的重要保证，加强大学生综合素质的培养，对国家和社会的发展都有着积极的意义。首先，实施素质教育是对中央教育方针的坚决贯彻，也是为了满足人才全面发展需求的重要举措。马克思主义的最终极追求就是要实现人的自由而全面的发展，这也是教育的终极目的。综合素质教育的内容极其丰富，能否真正做到"育人为本，德育为先"，是素质教育取得成功的关键。其次，实施综合素质教育是培养合格社会主义接班人的客观要求。大学生综合素质教育以培养全面发展的高素质人才为核心内容，旨在提高大学生的综合能力。同时，作为社会主义事业的接班人，大学生综合素质教育能否落到实处也同样影响到未来我国社会主义的建设。最后，全面实施素质教育是时代进步和社会发展的需要。目前我国已进入新发展阶段，优秀人才的输送可以说关系到全面建设社会主义现代化国家的成败，所以我们必须要通过全面实施综合素质教育来为国家建设输送源源不断的高素质人才，努力建设创新型国家。综合素质教育正是以培养大学生的创新意识、创新精神和创新能力为目标，为未来创新型国家的建设输送人才，为实现伟大"中国梦"奠定坚实的人才基础。

三、大学生新媒体行为教育

新媒体技术的普及与发展对大学生的生活、交往、教育、传播以及消费等各个领域产生了深刻的影响，同时网络信息的复杂多变也冲击着大学生主流价值观的形成。大学时代是人生最美好的时期，也是人格健全塑造的重要阶段，在好奇心和各方面压力的驱使下，青年学生容易通过互联网寻求心理上的安慰。然而不正确的新媒体使用习惯会导致大学生产生消极思想，甚至出现新媒体异化行为，对其个人成长是极为不利的。所以，帮助大学生群体规范新媒体行为也是高校新媒体思想政治教育义不容辞的使命。

大学生新媒体异化行为的成因是复杂的，它既有外界环境的干扰，也有内在因素的原因。新媒体上充斥着各种各样的信息，既有正面的也有负面的，这些信息成为大学生出现网络异化行为的外因，而其内因则主要是大学生缺乏坚定的理想信念以及尚未树立正确的价值标准。首先，新媒体信息环境的诱惑。在当今这种信息爆炸的时代里，每个人无时无刻不在接收着各种信息，如果掌握的信息量太少，就会处于信息竞争的劣势地位。新媒体无疑是当今获取信息最方便、最快捷的途径，大学生们可以通过新媒体获取和发布大量信息，这让不少大学生沉迷于网络的便利性。同时，网络也给大学生提供了一个表达和展示真实自我的平台，缓解了他们的心理压力，并从中体会到快感。其次，理想信念的误区。我们正身处一个大变革的时代，各种思潮、各种理论冲击着我们的生活和思想，对我们的主流价值观形成挑战。很多大学生在上大学之前，把考大学当成人生理想和价值追求的终极目标，所以一旦考上大学，随之而来的就是目标实现后的空虚和迷茫。再加之受到社会不良思潮的影响，就极易产生享乐主义或功利主义的人生态度，沉迷于网络世界不能自拔。最后，价值标准的多元化。网络信息包罗万象，这里交织着各种伦理观念、思想和生活习俗等内容。大学生正处于价值观和道德观形成的关键时期，极易受到网上一些不良价值观的诱惑和引导，对他们原有的价值观造成冲击。同时，一些网站经营者为了迎合"眼球经济"，标新立异，将一些不良的信息传送给大学生们，这进一步对大学生造成不良影响。

"网络成瘾是大学生网络异化行为当中比较突出的一种，它不仅会严重影响到大学生的学习成绩，还会造成大学生出现思想道德方面的问题，它已经被人们界定为心理疾病的一种，这种疾病的病理特征和冲动及习惯控制障碍十分相似。"[1]一旦患上网络成瘾综合征，就会对大学生的学业和生活带来极大的负面影响，甚至还会影响到大学生人格的形成，所以对已成网瘾的大学生进行有效干预就变得十分重要。网络成瘾综合征可以通过提前干预达到很好的预防效果。首先，加强大学生思想道德教育。当一个人缺乏人生理想和目标的时候，常常会变得无所事事，利用上网冲浪来打发时光。因此，我们需要从引导大学生树立远大理想为突破口来进行其网络异化行为的预防，指导其正确规划生涯，形成坚定的奋斗目标，让其明确人生的方向。同时，还需要积极开展大学生网络道德教育活动，促使其形成正确的道德观，养成正确的道德意识。其次，引导学生端正上网动机，正确使用新媒体。网络是一把双刃剑，新媒体利弊兼有，我们应该充分利用其积极的一面，如它帮助人们更加便利地获取信息、为大学生提供更为便捷的学习窗口和交际平台等等。所以对于大学生网络异化行为不应讳疾忌医，更不能隔绝网络和学生的联系，而应该正确引导大学生形成健全的价值观、人生观和世界观，充分发挥互联网的正向作用，让新媒体能够成为大学生自主学习的工具。再次，营造宽松、友好的校园氛围。良好的校园文化对于大学生健全人格的养成有着积极的作用，能够大大提高学生的学习积极性。丰富有趣的校园文化活动可以满足大学生拓展社交面、展现个性等方面的需求，以此来激发其积极性，使其更加主动地参与到学校组织的活动中去，在不知不觉中减少对网络的依赖。最后，提高大学生的抗压能力。随着当前社会节奏的不断加快，大学生各方面的压

---

[1] 教育部思想政治工作司组编.大学生网络思想政治教育[M].北京：高等教育出版社，2011：113.

力在不断增加，比如人际交往压力、学业压力、发展压力等等，这些压力对大学生心理健康极为不利，若无法及时调整心态，则极有可能滋生严重的负面情绪。很多大学生为了逃避现实生活中的种种压力，选择在互联网虚拟世界中度日，最终沉迷其中不能自拔。为了避免这种情况，必须有针对性地训练大学生应对压力时的技巧，通过外部的积极干预和自身的适当调节来疏导负面情绪，使其形成强大的自我调控能力，敢于直面生活中的种种困境。

四、大学生网络素养教育

大学生新媒体素养的好坏直接决定新媒体对于大学生所起到的是积极的作用还是消极的作用。因此，有针对性地对大学生进行新媒体素养教育，是时代发展的必然要求，也是新的历史条件下运用新媒体对大学生进行思想政治教育提出的新任务。

具体来说，大学生新媒体素养教育主要包括以下几个方面：首先，帮助大学生理解新媒体的本质，正确处理虚拟与现实之间的关系。尽管新媒体对于人类社会生活的影响和渗透越来越大，但网络毕竟是虚拟空间，与真实的现实生活存在较大的差距。教育者在培养大学生新媒体素养的过程当中，要帮助大学生认清虚拟与现实的区别，理性、客观地看待网络生活，发挥网络的积极作用。在进行网络生活的同时也要积极参与现实生活，要承担现实生活中的各项责任，遵守现实生活中的各项规范，尤其要避免由于过度沉迷虚拟空间而模糊了现实与虚拟之间的界限。其次，帮助大学生正确理解新媒体的工具属性。虽然当今时代新媒体已经渗透到社会的方方面面，但从根本上来说，新媒体仍然是一种信息传播工具，所以，要客观看待新媒体的工具属性，理性看待人与新媒体之间的关系。最后，提高大学生的新媒体主体意识。人是新媒体的主体而不是从属。大学生应培养良好的新媒体交往能力，能够良好地进行角色转换和行为协调。在这个过程当中，要促进大学生自我意识的形成，帮助大学生群体形成完整的网络人格，具备一定的心理承受能力，形成健康向上的心理素质。

进行大学生新媒体素养教育，首先要提高大学生的信息素养。信息素养是网络社会发展的必然要求，它主要表现为对于网络信息的应变和处理能力，主要包括信息意识、信息能力和信息道德三方面内容。其一，增强大学生的信息意识。所谓信息意识也可以将其理解为对于信息的处理态度，或者说是大学生对于信息的认知能力。大学生信息意识的培养主要侧重于引导大学生树立正确的信息观念，以及信息需求和信息注意力。一方面是指能够对信息形成科学、正确的认知；另一方面是指能够形成正确的信息需求认知。开发大学生的信息潜能，引导他们理性对待信息的经济价值、社会作用，使之能够敏锐地从众多信息中提炼出某种特定信息，强化个体信息意识，激发个体内在的信息需求，利用信息意识驱动个体信息行为。其二，强化大学生信息能力。信息能力指的是获取、分析、加工信息的能力，是信息素养的重要内容。对于个体而言，是指能够在较短时间内对所需信息进行获取、筛选、存储、分析，并充分运用这些信息达到某种目的，然后跳出定式思维，对信息进行分析、加工和创新。信息能力教育就是通过引导，使大学生获得了解、运用信息源和信息工具的一种教育形式，通过教育，大学生可以对信息做出较为准确的分析。其三，提升大学生信息道德水平。拥有信息道德的个体一般都能自觉抵制不良信息的传播、尊重他人的个人隐私、保护知识产权，这种道德是针对信息领域而言的。信息道德教育的宗旨就是确保社会个体的行为与活动能够遵循信息伦理与道德准则。信息道德教育包括信息的合理利用、知识产权、信息传播法规、信息安全等。大学生具备信息道德之后，能够主动对自身行为进行调整，避免信息犯罪的发生。

其次要提高大学生的媒介素养。培养大学生媒介素养的前提是充分肯定其在媒介信息领域的主导地位，引导他们合理使用媒介，理性对待媒介信息，清楚媒介的负面作用，准确地接受网络信息，并针对信息提出有见解的看法和观点，同时利用网络信息实现社会发展、服务个人生活。培养大学生媒介素养，主要是正确引导大学生有效地使用网络媒介、树立正确的网络媒介认知。其一，增强大学生有效使用网络媒介的能力。引导大学生正确认识和运用网络媒体技术，及时调节自身不当的网络信息使用行为。需要指出的是，要结合网络的特点和用户的媒介需求培养大学生的网络媒介素养，培养过程中全面传递共享、兼容、交互、平等、自由的理念，不但要理性对待和使用网络，还要充分发挥网络的作用与价值。其二，引导大学生正确看待网络媒介。网络中充斥着各种各样的信息，且信息每天都以无法估算的速度更新着，海量的网络信息明显超出了人们认知的范围，这可能会使大学生错误地认为网络信息所构筑的世界就是真实的世界，忽略了对现实世界的探究。所以，要引导学生正确看待网络媒介，培养他们辨别虚拟世界和真实世界的能力，使之懂得分辨哪些信息是可信的，是可以利用的，哪些信息是需要排斥和拒绝的，这样才能使之在浩瀚的信息世界中保持自我。

第二章

高校新媒体思政教育理论依据

第二章 高校新媒体思政教育理论依据

理论依据是学科体系构建的基础,只有明确了高校新媒体思想政治教育在理论体系当中的地位,从基本层面确定本研究的理论基调和切入视角,才能为后续的探讨奠定基础。尽管高校新媒体思想政治教育是一门年轻的课程,但我们仍需对其进行理论探讨,探讨其指导理论、基础理论和理论借鉴。

第一节 高校新媒体思政教育的指导理论

毋庸置疑,马克思主义理论是我国高校思想政治教育的根基,高校新媒体思想政治教育必须且只能以马克思主义理论为基础。高校新媒体思想政治教育的指导理论主要包括:关于社会存在与社会意识辩证关系原理、关于人的本质与全面发展的学说、关于普遍联系与永恒发展的学说、关于实践与认识辩证关系的原理。

一、关于社会存在与社会意识辩证关系原理

新媒体思政教育是在网络环境下出现的一种区别于高校传统思想政治教育的新形式。唯物论原理之所以重要就在于它回答了世界的本源问题,为我们解答了遵循事物发展的客观规律的重要性。意识的产生和发展要受制于物质,一切社会意识都不是凭空产生的,都来源于客观存在的物质世界。一般来说,所谓的社会存在就是指我们所处时代的社会生产力水平和物质生活条件,是我们意识之外的客观生存环境。相对于社会存在的物质范畴,社会意识存在于我们的精神世界,是我们社会的意识形态和心理特征,它们从各自

不同的方面发挥其独特作用。在现代社会，网络化和数字化进一步扩展了物质世界的范围。北京师范大学的贾英健教授在其发表的《论虚拟生存》中形象地描述了这种状况，我们的社会物质形态已经完成了从现实向虚拟的过渡，我们的物质世界已经实现了从物质"原子时代"向数字"比特时代"的过渡。但网络的虚拟空间仍然属于物质世界的一部分，仍然适用于马克思主义的唯物论原理。网络世界是对客观世界的扩展和延伸，是借助网络技术通过硬件和软件所构建起的虚拟空间环境，人脑通过辨识可以正确反映其内容，并最终成为人类意识的一个来源渠道。同时，物质存在与意识的辩证关系作为大学生网络思想政治教育的指导理论，揭示了网络空间中人们思想意识变化的客观规律，为网络思想政治教育工作提供了正确的方法论指导。指导作用主要表现为：

首先，要在不断运动变化着的教育实践中，积极研究新问题，总结新经验，把网络打造成为新时代高校思想政治教育的新阵地。物质世界是不断变化发展的，故步自封只会被时代所淘汰。作为高校学子思想的"把关人"，高校思想政治教育工作者有责任和义务做好本职工作，应有组织、有计划地开展有针对性的思想政治教育活动。客观世界总是在不断变化发展中，网络时代人们的思想观念是对客观现实社会和网络虚拟社会存在的交叉反应。人们在网络环境中所形成的各种各样的新思想和新观念，有些网络思想观念是进步的，有利于客观物质世界的建设发展；而有些网络思想观念则是落后反动的，会阻碍、不利于客观物质世界的建设发展。作为大学生网络思想政治教育工作者，一方面要着眼于宏观环境的发展变化，同时也要关注时代诉求，要深刻了解和体会网络时代受教育者的现实生活，要善于运用人的思想行为形成发展的规律分析网络时代受教育者的日常行为，真正把握其背后的思想动因。在大学生网络思想政治教育过程中，切勿从个人的主观臆断出发，要注重研究调查，深入了解网络受众的真实情况，要始终根据其思想品德形成发展的客观规律进行引导，并不断从实践中总结经验、把握规律，不断教育和引导当代大学生形成符合时代要求的思想认识。

其次，应进一步加强社会"正能量"的宣传，引导网络社会良性发展。存在决定意识，但意识的变化发展也在决定着人们改造世界的步伐。人类意识的形成从根本上来说是对客观世界的反映,人只有在一定的思想指导下,才能不断地改造客观世界,才能不断完善和发展自身。正确的思想意识对社会的发展会起到巨大的推动作用,而落后的思想意识会对社会起到巨大的破坏作用。作为高校新媒体思想政治教育工作者的主要任务就在于传播先进的思想、理论,武装人们的头脑,指导社会实践,促进社会发展和进步。网络受众在网络里并不只是被动存在的,要注重发挥他们的主动性、积极性和创造力,通过新媒体引导他们的思想品德不断提升。当网络中存在错误思想时,就需要教育者进行正确的引导,避免因错误思想的传播而给受教育者带来负面效应。高校新媒体思想政治教育工作者要加强对社会主义核心价值体系的网络传播,引导大学生形成正确的思想认识,规范其网络行为,自觉抵制网络不良诱惑,共同打造"绿色"网络空间。

最后,思想政治教育工作必须要从实际出发,深入了解大学生的思想状态。人类思想意识的变化和形成归根结底来源于其所处时代社会环境的变化,大学生新媒体思想政治教育工作必须从客观实际出发,遵从客观规律,才能有效地转变大学生的思想,达到思政教育的目的。同时,我们还应看到新媒体这种新生事物的出现和它对人们生活方式的深入影响,使人们的思想发生了巨大的变化,我们只有深入网络世界之中,才能真正了解大学生的所思、所想,才能对其进行正确的教育引导。我们必须要深入了解网络技术、网络文化、网络社会融合发展等各方面情况,了解大学生的思想形成和发展的规律,并用来指导高校新媒体思想政治教育实践。

二、关于人的本质与全面发展的学说

人的本质理论是马克思主义人学理论的核心基础。人是由劳动创造和改变的,劳动使人完成了从猿到人的转变,从而揭示出人的本质是"一切社会关系的总和"[1],人的本质属性是社会属性。人的本质是由社会关系所决定的,社会关系又可以分为物质的社会关系和思想的社会关系。人从出生起就置身于各种社会关系之中,人是社会的动物,不可能脱离社会而单独存在,并不断处理着三方面的关系:人与自然的关系、人与社会的关系、人与自身内心

---

[1] 马克思恩格斯选集(第一卷)[M].北京:人民出版社,1995.

世界的关系。人的本质会随着社会生产条件的发展而变化。当人们的实践领域发生了新的拓展，人与人之间交往所形成的社会关系也会不同，人的本质也就呈现出不同的形态。网络世界是对现实世界的延伸，也属于社会存在的范畴，网络实践也是社会实践的重要组成部分。

网络拓展了人的交往方式，体现出新型的社会关系，网络成为人类的"第二种交往方式"，网络文化的崛起预示着当前各种社会关系正在发生着巨大的变革，这种变革也会对人们的意识形态产生巨大的影响。人的本质学说是高校新媒体思想政治教育学科研究和发展的基石。一方面，人的本质学说指导我们不断研究变化和发展着的社会现实，时刻紧跟时代发展的脉搏，不断探索和解决新问题。思想政治教育工作的对象是人，思想政治教育要发挥人的积极性，就必须要了解人。人是各种社会关系的总和，而这些社会关系是历史的、具体的，也正因为如此，每个人都具有个性差异。高校新媒体思想政治教育应根据这些差异分析研究教育对象，在研究过程中，对教育对象的认识必须放到网络社会各种社会关系变革的背景中去，而不仅仅将网络看作是一种工具。人的本质学说理论指导我们不断研究人类思想意识变化发展中出现的新问题、新情况，采取更有针对性的措施应对时代发展的新要求。另一方面，在网络时代发展的大背景下，马克思主义的关于人的本质学说可以帮助我们更加清醒地面对和思考教育的本源，更有助于开展成功的教育活动。

人是社会的动物，人的各种活动的开展都离不开其拥有的社会关系和生存的社会环境，这也成为开展思政工作的物质基石。高校思政教育要根据环境的发展变化而发展变化，旨在顺应时代发展的新要求，在新的实践领域中不断引导大学生思想品德的变化和形成，实现"人的自由全面发展"，指导大学生的新媒体社会实践，营造和谐的网络氛围，规范网络社会的健康发展。深入贯彻人的全面发展理论，遵循人的思想品德形成发展规律来指导新媒体思想政治教育活动。人的全面发展是马克思对于人类理想生存状态的深刻解读，其宗旨在于实现人类在体力、脑力、道德、智慧等诸多领域的全面发展。为此，高校新媒体思政教育应着力以下三个方面：其一，通过新媒体思想政治教育提高大学生的思想道德素养和科学文化素养，以理想信念教育为核心，以培养爱国主义精神为重点，以人的思想道德建设为基础，培养适应时代发展要求的新媒体综合素质人才。其二，高校新媒体思想政治教育的出发点和最终目标都在于促进大学生自由、全面、健康地发展。其三，网络环境的复杂性对高校新媒体思想政治教育提出了更高的要求。网络世界不是"化外之地"，而是各种思想观念碰撞的"角斗场"，我们要想赢得下一代就必须融入网络世界，了解网络生活，真正把高校新媒体思想政治教育落到实处。

三、关于普遍联系与永恒发展的学说

物质世界是一个统一的整体，统一于物质世界的普遍联系和运动发展，在进行新媒体思想政治教育时要充分运用事物的运动发展规律。

事物之间总存在着千丝万缕的联系，在推动高校新媒体思想政治教育工作中应始终坚持联系的观点。首先，要不断汲取其他学科的营养，加强学习和融合。具体而言就是要综合运用网络传播学和网络心理学的知识与方法，提升大学生的思想道德素养和网络素养；要吸收网络传播学的传播模式和传播方法，把网络传播与高校新媒体思想政治教育传播融合，发展新媒体思想政治教育的理论基础；同时，网络心理学的相关理论也为我们在研究大学生网络行为异化方面提供了新的研究思路。其次，要把"网上"育人与"网下"育人有效地结合起来，形成联动效应，真正实现"1+1>2"的效果。二者是适应不同实际需求而产生的两种不同的育人手段，各有所长，不可偏废其一，只有将二者结合起来才能发挥育人的最大效用。

客观世界总是在不断地运动、变化、发展当中，这也决定了思想政治教育不可能静止不变。高校新媒体思想政治教育的时代特点非常鲜明，它的教育过程、对象、环境与内容与传统思政教育相比，均出现了重大变化，比如教育对象的身份具有可变性、隐蔽性，教育过程体现了交互性与平等性，教育内容具有强烈的时效性，教育环境具有复杂性与开放性，教育效果也体现出了强烈的不可控性等。时代在发展，社会在进步，网络从最初的WEB1.0时代发展到今天的WEB3.0时代，功能日益完善。而WEB1.0、WEB2.0和WEB3.0的变迁，自媒体与移动终端的快速兴起，迫切需要高校在新媒体思想政治教育过程中，坚持发展理念，紧紧跟随网络的变化与发展，适时地增强该领域的知识储备。高校新媒体思想政治教育工作的开展正是顺应网络时代的发展而应运而生的，必然要顺应和紧跟时代发展变化的步伐，跟随社会需要、国家政策与大学生的道德水平与思想政治特征的持续变化，积极地发展和创新思想政治理论。作为高校思想政治教育工作者应该高度重视教育的环境、对象、手段与内容的新发展与新变化。

四、关于实践与认识辩证关系的原理

实践是检验真理的唯一标准，是促进认识发展的动力、来源，而且也是认识活动的最终目的；认识必须要历经从感性到理性的过程，而且并非一次即可完成的，它是循环往复的无限发展过程，即"实践—认识—再实践—再认识"，它由认识本身的无限性决定。此类原理准确地揭示了认识与实践之间的关系，展现了认识的辩证发展历程，解释了怎样认知、怎样提升认知、认知如何转化为实践等多种问题，拓展了大学生网络思想政治教育的途径和方法。有助于高校思想政治教育工作者在实践中不断探索、总结教育经验，探索教育的未知领域，并指导实践的有效开展。

高校思想政治教育工作者在通过新媒体开展教育活动时，应该高度重视下列问题：首先，应该恪守实践乃认识之来源的理论观点。利用网络平台开展丰富多彩的思想政治实践和教育活动，丰富该领域的学科知识，在教育实践的过程中拓展该领域的理论内容。其次，应恪守实践乃认识发展之动力的理论。教育的对象、介体、环境等要素的变化，会带来高校思政教育领域的各种新变化，当思政教育领域出现新问题、提出新要求的时候，高校新媒体思想政治教育工作者根据这些新情况、新问题和新要求进行更为系统的理论研究和实践研究，在解决问题的过程中促进高校思政教育理论体系的逐步完善和成熟。最后，应该恪守实践是检验真理的唯一标准的观点。高校新媒体思想政治教育过程中，应该以实践来完善与检验相关理论，强化理论的实效性，促进行为与思想、实践与认识的辩证统一，推动教育对象与教育者在思想认识层面上的辩证统一。

第二节 高校新媒体思政教育的基础理论

一、关于交往的理论

从"交往"的概念界定来看，可以泛指人与人之间所形成的各种社会关系，

它不仅包括人们语言和思想上的交互活动，还包括物质层面的交换以及由此建立的人与人之间的联系。具体而言，马克思主义交往理论中的如下三方面内容对高校新媒体思想政治教育研究具有尤为重要的指导意义。

（一）交往是人的存在方式

在马克思主义的视域中，社会交往并不仅仅作为一种信息传播的手段而存在。人的本质在于"一切社会关系的总和"，正是由于人的本质属性是人的社会性，所以人的生存与发展是通过不断进行交往行为而实现的。也就是说，人是通过社会交往来作为自己的存在方式的，离开了社会交往，也就失去了人存在的基础。

（二）交往是促进社会发展的重要力量

交往可以按照不同的标准划分出多种类型，其中最基本的两种类型是物质交往与精神交往。马克思和恩格斯在其著作中对于物质交往与精神交往的内涵做出了明确的表述。需要特别强调的是，物质交往是精神交往的前提和基础。交往对人的发展以及社会发展具有十分重要的促进作用。人是社会性动物，人类通过交往来实现自身的本质，同时交往也是人的认识发生的必要条件。此外，社会交往是人走向自由全面发展的必要条件，也是推动社会发展的重要力量。

（三）马克思主义交往理论的指导意义

交往通过人与人之间的联系和互动而实现，同样，教育也是一种交往活动，也要遵循交往的基本规律。正因为如此，马克思主义的交往理论具有重要的指导意义。高校新媒体思想政治教育工作者正是通过与大学生不断地建立联系，最终达到教育的目的。网络世界是对现实世界的扩展，教育者通过新媒体手段实现教育行为，同样要遵循现实交往的基本规律。

二、关于科技与社会关系理论

马克思和恩格斯通过分析和总结科技进步的历史事实认为，劳动生产力是随着科学和技术的不断进步而不断发展的。科技技术对历史的发展起着无可代替的推动作用，正是科学技术的不断发展将社会向前推进，为社会发展提供了物质基础。但同时，社会生产也为科学技术的发展奠定了物质基础，社会生产与生活的需要成为推动科学技术发展的决定力量。"计算尼罗河水的涨落期的需要，产生了埃及的天文学"。① 因此，一定时期的科学技术在根本上从属于这一时期的社会生产，从属于这一时期社会主体的生产与生活需要。科学技术的发展程度标志着人类改变自然的能力，是生产力发展水平的基础，人类可以通过科学技术创造更合适的生存环境，从而最终实现人的自由而全面的发展。一方面，科学技术推动社会生产力的发展。1988年9月，邓小平就明确提出"科学技术是第一生产力"②的论断，将科学技术在生产力要素中的地位进一步提升。另一方面，科学技术的发展不断推动历史向前发展。"手推磨产生的是封建主的社会，蒸汽磨产生的是工业资本家的社会。"③无疑，马克思认为科学技术对人类的发展起着积极的作用。

马克思主义关于科学技术与社会发展的理论对高校新媒体思想政治教育具有重要的指导意义。其一，高校新媒体思想政治教育工作不应将思想政治教育局限于技术层面，而应站在时代发展的"潮头"，要勇于将网络技术与社会发展结合起来，意识到网络技术手段对社会所产生的重大推动作用，从而不断实践探索思想政治教育与新媒体的有机融合。在互联网发展初期，社会各界并未充分认识到互联网对人与社会发展的巨大影响，部分学者和教育工作者仅从互联网本身来看待互联网，将其简单的定位于一种"信息传递手段"。因此，在许多人看来新媒体只能作为思想政治教育的一种载体，从而无法深入理解新媒体思想政治教育的价值所在。马克思主义关于科技与社会关系的理论指导我们要从互联网技术与社会、与人的关系的视角来认识新媒体思想政治教育。其二，有助于思想政治教育工作者正确看待新媒体所引发的各种社会问题。很长时间，很多高校思想政治教育工作者"畏惧"网络，采取"防、堵、关、管"等手段来解决新媒体领域当中存在的问题。科学技术可能对人类产生负面影响，但这些负面影响产生的根源不在科学技术本身，而在于掌握和利用科学技术的人，更需要通过人类的理性思维来正确运用和掌控它。网络技术是对于当下社会影响最为深刻的生产技术，要有效规避它所带的风险，并不能仅仅依靠对新媒体的限制来实现，而应开展更加有效的思想政治教育

---

① 马克思恩格斯文集(第十卷)[M]. 北京：人民出版社，2009：668.
② 邓小平文选(第三卷)[M]. 北京：人民出版社，1993：274.
③ 马克思恩格斯文集(第一卷)[M]. 北京：人民出版社，2009：602.

活动，增强大学生的网络媒介素养和网络使用能力，发挥新媒体的正面积极作用。事实上，随着新媒体的进一步发展，人们对于新媒体的态度开始发生转变，一些教育者逐渐意识到科学技术发展对于社会所产生的强大动力，开始主动融入和使用新媒体，掌握网络信息传播的主动权，用积极健康的网络信息引导和教育大学生，营造和谐健康的网络生存环境。

第三节 相关理论借鉴

新媒体思想政治教育是一门综合性很强的学科，它在坚持将马克思主义理论作为学科发展和实践基础之外，还要从相关的学科中汲取营养，不断丰富和扩大自己的知识来源，充实自身的理论体系。思想政治教育研究领域发展壮大，需要不断研究新媒体思想政治教育这一全新形态，同时也需要从其他学科中汲取养分。高校新媒体思想政治教育可以从很多学科中吸收营养，不断丰富和完善自身的知识来源，下面主要从网络传播学、网络心理学、网络社会学等学科来阐述。

一、网络传播学理论

网络传播学作为传播学的一个分支，是研究在网络环境下人类传播行为和传播过程、发展的规律以及传播与人和社会关系的学科。传播活动涉及多个环节、多种因素，在传播学研究过程中，传播过程的相关理论研究是非常关键的环节和内容，传播学的研究活动紧紧围绕传播过程的相关构成要素而实施。拉斯韦尔是美国著名的传播学家，1948年他提出了传播过程的"五要素构成论"，探讨了传播行为过程中关涉的五个要素，依次是信息（says what）、媒介（in which channel）、传播者（who）、受众（to whom）与效果（with what effect），它变成了传播学领域中普遍认可的"5W"模式，针对这些要素，分成了内容、媒介、控制、受众与效果这五个方面的研究。可以肯定的是，这种"5W"模式同样存在着缺陷，并未研究社会环境如何影响传播活动、传播行为动机与传播效果反馈等多种问题。此后，韦弗与香农这两位数学家设计了电子信号传输过程的相关直线模式，为了解决单向性传播模式的缺陷，传播学家奥斯古德与施拉姆设计了社会传播过程的双向循环模式。这种双向传播循环模式也称为"奥斯古德—施拉姆模式",即信息传播者和信息接收者之间不再受身份固定的制约,任何一个传播过程中的参与者都可以同时拥有上述两种身份。双向传播循环模式相比单向性传播模式尽管有了很大程度的突破,但随着研究的进一步深入,它自身的缺陷也在逐步显露,那就是它没有把传播循环的过程看作是一个不断上升发展的过程,而是单纯把它归结为一个封闭的过程,如传播学者丹尼斯就曾指出:"传播经过一个完全的循环,不折不扣地回到它原来的出发点。这种循环类比显然是错误的。"[1]"奥斯古德—施拉姆模式"最大的问题就在于它没有意识到信息传播过程也是一个运动发展的过程,其内在要素是会不断变化升华的。

网络诞生的初衷就是加快人类的信息传播,其最根本的功能就是信息交流,网络被称为继报纸、广播、电视之后的大众传播的"第四媒体",随着网络传播活动越来越频繁,网络传播学应运而生。我国学者谢新洲提出"网络传播基本模式",以简要展示网络传播过程的要素、影响因素及信息流动方式。在这一模式中,每一个网络参与者都具有传播者和受众双重身份,他们可以通过电子邮件、BBS等网络媒体与任意一个网络参与者进行信息传递。同时,每一个网络参与者的信息传播和接收行为均受到自身人格结构、自我印象以及自身所在的人员群体、社会环境的影响。在提出"基本模式"的基础上,谢新洲还借鉴"马莱兹克模式"的基本思路构建了"相对于一个节点的传播模式"以及"网络传播的技术模式"[2]。

新媒体传播模式与传统的传播模式相比具有以下特点:首先,信息的传播更加高速、高效。其次,手段更加丰富。新媒体传播的形式是多样的,可以文字、图片、视频等多种媒介进行传输,使信息的内容更加丰富和生动,促进信息接收者的接收积极性。再次,以多向立体交流传播模式为主。新媒体信息传播的出现打破了传统封闭的单向性信息传播方式,以双向或多向信息传播模式为主,弱化了传统信息传播模式下的主客体差别,更有利于发挥主客体的能动性。最后,是信息来源更加多元化。传统传播模式中信息传播者的身份一般来说是固定的,而在网络化时代,任何主体都可以拥有话语权,

---

[1] 周庆山. 传播学概论[M]. 北京:北京大学出版社,2004:51.
[2] 谢新洲. 网络传播理论与实践[M]. 北京:北京大学出版社,2004:61-80.

这也致使网络中信息纷繁复杂、良莠不齐。网络传播学理论对于高校新媒体思想政治教育的研究和探讨具有十分重要的借鉴意义。

高校新媒体思想政治教育可以借鉴网络传播学关于传播过程的理论。一方面，网络传播模式理论探讨的核心问题是网络传播过程，其研究内容既包括传播过程中的传播者和受众、网络信息、网络媒介等，还包括要素间关系、传播环节、各种影响网络传播的系统外因等。这些研究内容与高校新媒体思想政治教育研究的基本内容有诸多相似之处，在许多情况下，只是切入的视角有所差别。另一方面，新媒体思政教育作为一种信息传播过程，可以借鉴网络传播学当中的一些理论和方法，构建相应的传播教育模式，如对议程设置理论的借鉴。在网络环境下，个体成为议程设置的元点，"点对点""点对多点"和"多点对多点"的多元化交互模式已经形成，为人们之间的跨区域、跨民族和跨文化交流提供了便利。议程设置理论为高校新媒体思想政治教育工作的开展提供了现实的途径和可操作的方法。

二、网络心理学理论

心理学是通过研究人类的情感、认知和意志等信息品质以找到人类心理活动的特征与规律的科学。高校新媒体思想政治教育的一个目标就是使大学生的思想品德能够适应网络技术的发展。正因为如此，高校教育过程当中要根据大学生的心理活动调整教育的方式和内容，要根据教育对象的心理活动特点，进行更加具有针对性和实效性的教育引导。网络心理学是心理学的一个分支，主要是探讨网络条件下人们的心理活动、行为方式的形成、发展及其规律的学说。

高校新媒体思政教育可以借鉴网络心理学关于认知的理论。认知的过程可以理解为对外界信息感知、加工的过程，也就是说，人们对于外界信息的认知不是原封不动地接受而是有一个信息加工的过程，它是人类基础性的心理过程，涵盖了语言思维、想象、记忆、知觉、感觉等。人脑是信息加工的重要工具，人类对于外界的认知都是人脑加工的产物，转换为人们心理的内在活动，对人们的行为进行支配，即信息加工的过程，也就是所谓的认知过程。在认知过程中，个体本身的认知方式会形成比较稳定的一种心理倾向，它体现在人们偏爱某种信息加工方式。认知理论对于提升人们的认知自主性有着积极的作用，并通过对认知活动的研究，能够在很大程度上帮助人们的决策、问题解决与学习等。心理学为我们研究高校新媒体思想政治教育的相关内容提供了较大的借鉴价值。我们在研究该领域的过程中，只有不断汲取多个学科的理论影响，切实掌握大学生真实的心理需求，指引他们在网络信息环境中正确、科学地选择相关事项，在大学生做出主动选择的过程中，将先进网络文化的相关内容稳固在他们的头脑中，帮助他们形成优良的品德和素养。

高校新媒体思想政治教育就是要提升大学生的新媒体思想政治素质，帮助他们更好地适应网络社会，实现更全面的发展。因此，在高校新媒体思想政治教育中，大学生作为受教主体居于中心地位，所有的教育设计和内容都必须围绕这一个中心展开。高校教育工作的思想政治要求必须进入大学生的内心，使之真心诚意地认同并接受。心理学重视意志、认知、情感彼此结合而形成健全的品质与个性，高校思想政治教育工作也正是教育和引导大学生思想品德的不断提升。开展新媒体思想政治教育工作，必须重视引导大学生在网络环境中意志、情感、认知的彼此结合，它要求教育工作者贴近大学生的心理需求，建设和打造网上精神家园，密切关注和激发大学生学习先进网络文化的积极性，使他们形成崇高的思想道德追求与坚定的政治信念，让他们在正确的情感认同与认知基础上，主动投身到先进网络文化的建设当中去。

高校新媒体思想政治教育可以借鉴网络心理学，对大学生的网络成瘾等问题进行预防和干预。美国精神病学家戈登伯格教授在1994年最早提出了"网络成瘾症"这一概念，并进一步将网瘾的定义研究从心理学延伸到精神病学领域。在我国，陶然教授认为网瘾是"个体反复过度使用网络导致的一种精神行为障碍，表现为对网络的再度使用产生强烈的欲望，停止或减少网络使用时出现戒断反映，同时可伴有精神及躯体症状。"[1]网瘾产生的原因是复杂的，它既包括患者外部的生存环境，如家庭、社会等因素；也包括患者个体的内部原因，如人格、心理、生理等。网络成瘾还常常伴随一些生理特征，如患者一旦上网，其大脑就会产生一系列的化学反应，使成瘾者无法控制自身的行为。

---

[1]邓验，曾长秋.青少年网络成瘾研究综述[J].湖南师范大学学报(社会科学版)，2012(2):89.

一旦患上网络成瘾综合征，就会对大学生的学业和生活带来负面影响，甚至还会影响大学生人格的形成，所以对已经成瘾的大学生进行有效干预是十分必要的。对于网瘾的干预主要从以下几个方面着手：其一，自我情绪调节。情绪反映的是个体对自身需要是否得到满足的主观体验，不良情绪不仅会影响个体的行为，有时甚至非常具有破坏性，同时还会对个体适应和创造产生障碍。所以，对于网络成瘾者的帮助首先要从情绪的调节着手，这是解决问题的重要环节。戈尔曼博士认为，情绪智力是一个人具备觉察和认识自己情绪的能力，是在认识自身情绪的基础上，管理和控制好自己情绪的能力。对于网络成瘾者的矫正，首先就是要帮助其提高自我控制和管理情绪的能力。当产生不良情绪时，可以通过自我暗示和放松等方法进行自我调节。另外，一些不良情绪的产生来源于错误的认知和曲解，所以当错误认知得到识别和修正的同时，不良情绪也随之得到缓解。尤其是那些为了逃避现实而沉迷于网络的大学生，更需要帮助他们从对现实的厌恶、逆反、恐惧中解脱出来，从而摆脱对网络的依赖。其二，自我行为控制。网络成瘾者的病理心理异常时缺乏自我控制。自我控制缺乏本身不是一种心理障碍，但却可能成为众多心理疾病的致病因素。网络成瘾者在使用网络过程中获得即刻的快乐和满足感，这维持了他们长期使用网络的心理机制。网络成瘾者也会意识到过度使用网络是不好的，但就是难以放弃上网。自我控制的缺乏与冲动有关，做到自我控制就是要控制冲动并遵守原则。对于网络成瘾大学生的帮助也可以通过帮助其制订上网计划来完成。通过制订一个具有持续性、渐进性、奖惩性、替代性的计划，一步一步帮助其达到自我控制的目的。对于网络成瘾者的矫正不可能一蹴而就，它需要一个漫长的过程，作为教育者需要具备足够的爱心和耐心陪伴学生共同战胜这一心理障碍。其三，外部关系改善。很多大学生由于现实的人际关系出现问题，进而将所有的希望寄托于网络生活。通过观察我们发现，一些平时在现实生活中性格内向、孤僻的学生，在网络世界里却可以变得幽默有趣、侃侃而谈。对于这一类网络成瘾大学生的矫正，就应从帮助其改善现实中的人际关系入手。作为教育工作者可以从学生自身出发，协助他们学习一些人际关系技巧，体验与人交往沟通的乐趣。对于网络成瘾的干预和矫正还需要学校、家庭等共同配合，如因家庭原因而造成的网络成瘾的大学生，就可以从家庭入手，改善亲子关系。其四，自我激励。很多网络成瘾大学生都存在无法对自我进行正确评价的问题，甚至有些大学生对自我评价过低，造成严重缺乏自信心等问题。因此，要帮助这类学生摆脱网瘾就要从帮助他们学会自我激励，激发其信心和信念，明确其人生理想着手。要引导学生对自己有一个全面正确的认识，充分意识到自己的优缺点。对自身的评价要建立在客观、公正的基础上，既不能评价过高，造成盲目自信，也不应评价过低，产生自卑心理。在帮助他们形成对自身的客观、真实的认识和评价的基础上，指导他们思考、探索自身内在的价值和人生理想，形成对未来生涯的发展规划，明确奋斗目标和奋斗路径。以上干预法可以帮助存在网络成瘾问题的大学生得到一定的矫正，但是高校教师和辅导员并非专业的心理咨询人员，对于那些已经具有病理性网络成瘾的学生，则需要专业的心理医生进行心理和药物治疗，解决其网络成瘾问题。

三、网络社会学理论

社会学是一门将社会及社会问题作为研究对象的学科，其将社会作为一个整体进行研究，研究社会发展过程中其各要素之间发展变化的关系。互联网的出现和发展，拓展了社会学的研究领域，网络社会学的研究深度和广度在逐步加深。对于网络社会的界定有很多，从社会的群体结构来看，"网民"作为一类新的社会群体伴随着互联网的发展而诞生，美国社会学家巴雷特称之为"赛博族"。网民群体由各种类型的网络群体构成，网民个体是构成各类网络群体的基本单元。根据接触网络起始时间的不同，网民可以划分为"网络原住民"和"网络移民"两类，前者是指一出生便能够接触互联网的人，而后者是指成长到一定年龄才逐步接触互联网的个体。由于我国于1994年正式加入国际互联网，因而一般将"90后"的大学生称作"网络原住民"，20世纪80年代以前出生的则称之为"网络移民"。网民个体通过一定的关系组成各种网络群体，然而由于网络群体在形式上相对宽松且具有身份的虚拟性，网络群体对成员的强制性和制约性相对欠缺，无法通过外在力量对成员进行约束。对高校新媒体思想政治教育工作而言，就是要适应和服务于网络社会的发展，而无论是要做到适应还是服务都必须首先深入掌握网络社会的真实境况。因此，网络社会理论对于新媒体思想政治教育的研究具有重要的借鉴意义。

其一，新媒体思政教育可以借鉴有关个体社会化理论。在社会学分析和研究中，个体社会化理论是网络社会研究的基础，是指社会把自然人逐步转变成可以适应相应的社会文化、履行相应角色行为、参与社会活动的一个社会人的过程。思想政治教育的主要目标是促进人的道德与思想政治方面的社会化，新媒体思想政治教育破解的是在网络背景下的人们应该怎么样遵守相关的社会行为规范，适应正常的社会生活，完成自身在道德与思想政治方面的社会化。它可以参考个体社会化领域的相关理论知识，有利于厘清网络背景下个体社会化的可靠性。此外，每个人都要处理个体社会化这个终身课题，它也清楚地指出高校新媒体思想政治教育工作者不能隔离、回避网络，必须和大学生同时提升在网络环境中的各种生存技能，方可让每个人切实完成全方位的社会化。

其二，高校新媒体思想政治教育可以借鉴有关社会群体理论。在社会学研究中，社会群体理论是一个核心。它将研究视角定位于社会群体特征以及成员与群体之间的互动影响，此类研究结果对制定各种公共政策与破解社会问题非常有利。社会群体指的是凭借某种社会关系而彼此结合、开展公共活动，彼此作用和影响的集体。群体是个人完成社会化的一个重要场所。社会系统涵盖了相当数量的社会群体，群体的稳定是一切稳定的大前提，只有保证群体的稳定才能实现社会的稳定，社会稳定是民族、国家健康发展的基础与前提。网络社会作为一个互动平台，为社会成员和机构提供了施展的舞台，而作为"因网而生"的网络族群也就开始"粉墨登场"了。随着计算机网络越来越融入我们的生活，网络群体的各种活动被给予了密切关注，各种信息媒介组织都加大了对于网民力量的考量，将其视作是社会发展的重要力量。新媒体时代思想政治教育学的社会化发展，需要其直接面向社会，在社会生活的方方面面渗透这些内容，真正让思政教育成为社会生活发展的重要支撑，实现其价值引领的重要作用。高校在通过新媒体开展思想政治教育的过程中，应该注意参考社会学的相关理论，要根据理论指导来分析相关特征，要将对于网络群体的探讨摆在一个重要的位置上，明确其发展与存在对网络群体社会化的影响和作用，乃至对我国社会经济发展的作用与影响。必须倡导积极应对网络群体的形成和发展。同时，在面对因网络群体而引发的社会事件时要头脑清醒、客观，应该积极地予以研究和关注，这是由于此类事件直接影响我国的社会稳定，绝大部分群体性事件会深刻地影响网络环境中社会成员的思想品德和政治素养的发展与变化。

其三，高校新媒体思想政治教育可以借鉴有关网络社会理论。曼纽尔是美国著名的社会学家，在自己的学术专著《网络社会的崛起》中指出，互联网的快速崛起这个事件是一起社会学事件，是科技发展推动人类社会改变的重要事件。在网络革命中，信息技术居于中心地位，它在很大程度上挑战了传统意义上的社会概念。他认为，网络社会中的"知识"与"信息"，第一次借助"科技之手"实现了频繁的对接，标志着网络族群社会已昭然若揭。学术界在研究"网络社会"（Network Society）的过程中，指出要和数字化社会（Digitized Society）、信息社会（Information Society）、虚拟社会（Virtual Society）与赛博社会（Cyber Society）等多种概念密切结合，共同探讨这些问题。就网络社会一些问题的探讨，一些学者认为应把其看作是一种人类在网络虚拟空间的交流形式；另一些学者则认为网络社会是一种独立于现实社会的模式，指出它属于新型的社会形态。实际上，传统社会与网络社会之间的关系是无法割裂的，它不仅仅是新型的网络交往方式。这种社会形态并非孤立的，它是传统社会形态在网络背景下的一种新生；它在保留了现实社会的许多传统因素的同时又不拘泥于它，在传统的基础上在很多方面有了创造性的改变，由于网络社会还在形成、生长、发展、变化之中，学者对于网络社会的研究和探索热情也会越来越浓厚。毋庸置疑，网络社会的很多研究议题对于开展高校新媒体思想政治教育工作的借鉴作用显著，而且可以深入地、全方位地借鉴这些理论和成果。为了更好地研究高校新媒体思想政治教育的相关内容，应该对网络社会当前的发展状况给予密切关注，全方位地把握该领域的相关研究成果。它是在新媒体时代开展和实施思想政治教育的新议程，对于网络社会研究所积累的宝贵经验，有助于用超越的眼光来看待新媒体对于社会的意义，要以另辟蹊径的视角来对其展开研究和探讨，认清它所处的网络环境，把握大学生与教育者在网络社会中的互动关系，探讨在虚拟空间中有效地发挥思政教育的作用，将思政工作放在整个网络社会的视野中去讨论，有效地发挥它的职能与作用。

第三章

高校新媒体思政教育的发展

事物的发展总是遵循从低级到高级、从量变到质变的发展规律。正因为如此,我们要想对高校新媒体思想政治教育进行更加深入的研究,就必须梳理其发展历程,预测其发展趋势。总的来说,互联网自1994年开始进入大众的视野,至今已30个年头,高校思想政治教育工作者对互联网发展的态度从最初的惊恐畏惧发展到了今天的欣然接受,可以说每一阶段的发展都饱含了思想政治教育工作者的艰辛努力和不断探索,也正是因此,我们今天才迎来了新媒体思想政治教育事业的蓬勃发展。当前,我国教育事业正处在历史转折期,高校新媒体思想政治教育的发展面临着诸多机遇与挑战,其未来的发展趋势也日益明朗。

第一节 高校新媒体思政教育的发展历程

高校新媒体思想政治教育的发展与中国互联网技术的发展与成熟是亦步亦趋的。自1994年中国正式迈入互联网时代,自此大学生网络思想政治教育的历程也正式开启,其大致可以分为四个阶段:一是初步探索阶段,即"触网"阶段。这一阶段高校思想政治教育工作者开始正视网络发展对大学生思想及行为的影响,尝试接触网络,并对如何进行应对进行关注和探索。二是主动建设阶段,即"探网"阶段。"积极占领和探索建设互联网宣传新阵地"是这一阶段的总体特征,教育者已经从最初对新媒体思想政治教育的观望、质疑转变为积极利用与建设开发上来,并取得了积极的效果。三是深入发展阶段,即"用网"阶段。这一阶段的主要特征为"完善与创新"，是在对上一阶段不断进行总结和完善的基础上，将教育与新媒体技术相结合的理念和思路创新。四是广泛应用阶段，即"融网"阶段。这一阶段主要是在不断完善前几个阶段的基础上，充分将思想政治教育与互联网发展融为一体，利用移动多媒体和大数据技术进行宣传教育。"只有站在巨人的肩膀上才能看得更远"，今天的高校新媒体思想政治教育的蓬勃发展和累累硕果正是基于前几个阶段的探索和累积，也正因为如此，才有了其整体性发展。

一、初步探索阶段（1994—1998）

1994—1998 年为高校新媒体思想政治教育的第一个阶段，也称为初步探索阶段。在这个阶段，高校思政教育工作者更多的是被动地接触网络并开始探讨互联网所带来的影响，同时某些高校开始自发探索应对策略，主要采取的手段为"防、堵、管"。具体而言，1994 年中国科学技术网与国际互联网的正式对接，标志着中国踏入了互联网时代。同年，以高校师生为主要服务对象的"中国教育和科研计算机网"正式建设成功，将中国的高校学子带入互联网的大门。在这个时期，尽管信息网络的发展速度惊人，但更多重视的是网络硬件基础设施的建设，而忽略了网络教育环境的建设。短短几年时间，校园网络迅速成为在校大学生参与和关注热点，并迅速成为高校学子倾诉心声和传播信息的工具，这引起了一些教育工作者的关注，并开始研究网络工具可能引发的社会问题，因此，这个阶段高校新媒体思想政治教育的特点主要表现为"被动接触"和"消极应对"。

所谓的"被动接触"和"消极应对"主要是指在这一时期，绝大多数高校教育工作者并未积极参与网络活动，对网络的认知更多地停留在其工具属性上，在对互联网的认识上更多地关注其带来的负面影响。网络引入大学校园，短短几年迅速风靡万千学子。伴随着互联网的发展，一些高校学子开始自发组织建设 BBS 站点。如 1995 年，清华大学成立"水木清华"BBS、南开大学成立"我爱南开"BBS、中山大学成立"逸仙时空"BBS、西安交通大学成立"兵马俑"BBS 等，这批 BBS 站点的设立预示着高校互联网时代的来临。伴随着越来越多高校 BBS 站点的设立，高校学子们的参与热情空前高涨，在 BBS 上发帖成为当时最时尚的校园活动，大学生们纷纷在网上发帖或留言表达自己对当时国际、国内的政治、经济、教育和民生等方方面面问题的关注，并抒发自己的见解和想法。伴随着高校学生的热情参与，一些问题也开始凸显出来。一方面，由于网络的开放性和匿名性特征，BBS 上的信息鱼龙混杂，甚至出现了一些不和谐的声音，对大学生的思想造成不利影响；另一方面，由于高校 BBS 的管理者绝大多数为在校大学生，存在管理松散、对发帖内容审核不严格等问题。正是基于上述原因，越来越多的高校教育工作者意识到网络可能引发的危机，并开始加强对高校 BBS 的管理和引导。然而，这个时期绝大多数的高校思政教育工作者并未积极参与到高校网络活动中与学生深入对话，更多地是以一种旁观者的角度来审视网络所带来的各种变化。正是由于教育者对网络的不熟悉导致了其对网络的误解，当网上出现新问题和新情况的时候，更多的高校管理者采取"关、停"网络等举措，将网络视为洪水猛兽。如1996 年，清华大学 BBS 站点关闭了军事、历史、沙龙、时空报道等版面。同时，由于这个时期，我国互联网建设更多注重硬件建设，而忽视了对互联网的内容建设，而出现了网络信息不对称等问题。在这一时期，由于网上 95%的信息是由美国服务器提供的，致使各种意识形态的文章、信息泛滥，"黄赌毒"信息随处可见，这给高校思政教育工作来带来极大的困难，当面对问题时只能被动采用"防、堵、管"，无法从根源上解决问题，极大削弱了高校思政教育的针对性和时效性。

网络发展所引发的各种问题，引起了一些高校教育者的思考，并表达了对于网络技术的发展所带来的担忧。如学者王殿华在其《信息时代高校思想政治工作的新课题》一文中就表达了这种忧虑，认为随着互联网进一步的普及和发展，将会对大学生思想品德的形成造成极其不利的影响，并极大地增加了对大学生进行思想政治教育的难度。之后，更多的学者和教育工作者纷纷表达了对于网络所引发的思想道德问题的担忧，"远离网络"成为这一时期教育工作者的普遍心声。但同时，越来越多的研究者意识到网络时代的来临已是大势所趋，与其"被动接受"不如"主动出击"，于是高校新媒体思想政治教育也步入了主动建设阶段。

二、主动建设阶段(1998—2004)

1998—2004 年是高校新媒体思想政治教育发展的第二个阶段，也可以称之为主动建设阶段，这一阶段的主要特征为"积极探索和占领互联网宣传新阵地"。在经历了上一阶段的发展之后，国家开始加强对高校网络思想政治教育的宏观指导。1999年1月中共中央下发《关于加强和改进思想政治工作的若干意见》，提出要用马克思主义的思想占领学生们的头脑，要加大网络宣传的力度。2000年9月教育部下发《关于加强高等学校思想政治教育进网络工作的若干意见》，明确指出要加大网络思政教育工作的研究力度，大力发展网络思政教育。同年，时任国家主席的江泽民同志在中央思想政治工作会议上指出"互联网已经成为思想政治工作的一个新的重要阵地"。在一系列国家政策指引下，吹起了思政工作"进网络"的号角，极大地激发了高校教育工作者的研究和实践热情，一改过去的被动状态，开始全情投入，拉开了思政教育的新篇章。教育工作者们开始通过高校思想政治教育主题网站、E-mail等手段和渠道，深入网络，对大学生们进行积极的教育和引导。

建设思想政治教育主题类"红色网站"，可以说是这一阶段的一个重要的教育宣传手段。2000年，教育部明确要求"各高校都要重点规划几个在师生中有吸引力、有影响力的网站"，自此各个高校都开始积极行动起来。"据教育部2005年5月统计，全国创办有'红色网站'的院校达到250多所，占全国高校的1/5。"①"红色网站"相较于传统的以课堂教学为主的思想政治教育宣传手段来说，具有明显的优势。大学生在"红色网站"上接受教育信息具有更高的自由度和自主性。一方面，大学生可以自由选择所要接收信息的时间和地点，极大地增加了学习的便利性；另一方面，可以更加自主选择所需要接受的教育内容和表现形式，提高了大学生们的学习兴趣。当然，基于"红色网站"的教育形式也存在一些弊端，比如过度依赖受教育者的主动访问以及其吸引力和影响力需进一步加强等。各高校在积极建立"红色网站"的同时，开始探索基于电子邮件收发的网络思想政治教育。根据中国互联网中心发布的权威数据报告显示，1999—2000年间，利用电子邮箱收发邮件在互联网用户的使用率达到了85%以上，成为用户最常用的网络服务之一。正是基于这样一个背景，各个高校也开始尝试使用E-mail开展思想政治教育。2001年3月，天津

---

①史铁杰.高校思想政治教育网站的现状与发展[J].思想政治教育研究，2005(2)：55.

大学在其网站上开通了"校长信箱",之后华东师范大学、上海交通大学等高校纷纷效仿,之后,"校长信箱""书记信箱""辅导员信箱"等如雨后春笋般的纷纷出现。总的来说,各高校基于电子邮件收发的网络思想政治教育的有益尝试,打破了基于"红色网站"进行思想政治教育中的"一对多式"的教育过程,采取"一对一问答"的形式,极大地提升了教育的针对性和有效性,这一教育形式在部分高校取得了良好的教育效果。

随着网络发展的日新月异,网络生活成为人们实现社会价值的重要手段,各高校通过思想政治教育主题网站建设和电子邮件沟通的教育形式取得了一定的成效。这一时期尽管绝大多数高校教育工作者对于网络已经有了更加深入的了解,但由于网络失范行为层出不穷,教育工作者更多的是被动地跟随,更多的是起到"救火队"的作用,很难掌握主动权去积极引导,高校新媒体思想政治教育的实效性依然面临严峻的挑战。

三、深入发展阶段(2004—2010)

随着互联网技术的进一步发展和完善,高校新媒体思想政治教育步入新的发展阶段,这一阶段的主要特征表现为"完善和创新",在不断完善前两个阶段实践探索的基础上,进一步加强对信息技术的使用力度,探索、创新教育手段和渠道,提高新媒体思想政治教育的实效性。同时,中央进一步加强了对互联网的调控力度。2007年10月,党的十七大报告中明确提出,要"加强网络文化建设和管理,营造良好网络氛围"。

随着前两个阶段中所存在的问题不断地暴露出来,高校思政教育工作者随之进行了相应的策略调整,对存在的问题进行不同程度的革新与完善。首先,在这一时期,大学生BBS的使用率大幅下滑,越来越多的大学生开始对BBS失去兴趣。高校管理者为提升其对学生的吸引力和影响力,一方面开始从满足大学生日常学习、生活方面入手,在高校BBS中设立学生服务型板块,另一方面根据学校和社会热点,积极发起话题讨论等活动,提高学生兴趣。这些措施在提高高校BBS人气和防止网民流失方面起到了一定的积极作用。其次,高校BBS"风光不再"的同时,"红色网站"在经历了一轮"爆发式"的增长之后,进入了发展的"瓶颈期"。根据数据对比之后我们发现,自2004以后高校"红色网站"的增长速度明显放缓,有些网站甚至由于乏人问津而不得不关闭。由于一些高校的"红色网站"宣传不足和内容缺乏吸引力等原因，造成了部分思想政治教育主题网站名存实亡。因此，一些高校开始从提高网站管理人员素质和更新网站内容方面着手，通过对结构和内容的优化，增强对大学生的吸引力。最后，与高校 BBS 和主题网站相比，E-mail 在这一阶段的发展良好，网络用户的使用率进一步增加。在这一背景下，高校思政教育工作者继续积极利用 E-mail 开展思想政治教育活动，并将这一沟通方式趋于常态化。然而，由于 E-mail 技术特征所限，这种交流沟通方式虽然针对性强，但效率普遍偏低，只适用于对个别学生。

在不断完善前两个阶段所存在的问题的同时，广大高校思想政治教育工作者也在不断创新新媒体思想政治教育的新渠道和新方式。从 2005 年以后，互联网进入了即时通信时代，博客、微博、QQ、ICQ、飞信、社交网站等的使用率不断提高，于是越来越多的高校思想政治教育工作者开始尝试探索开辟新的教育阵地。首先，通过博客和微博对大学生进行教育宣传。博客自 2002 年进入我国，之后迅速在大学生群体中普及开来，至 2009 年底，大学生使用博客的比例高达 81.4%。随着博客和微博的使用率和影响力不断扩大，一些高校思政教育工作者开始尝试使用博客和微信对学生进行思想政治教育。一些高校辅导员和思政教师纷纷开通博客和微博，加强具有针对性的教育和宣传。基于微博、微信的教育宣传手段，与以往的手段相比具有个性化、多元化和开放性等特征，一经推出就受到广大高校学生的支持和拥护。其次，探索以即时通信工具为手段的交流宣传平台。即时通信工具主要包括 QQ、ICQ、飞信等网络应用，利用即时通信工具进行思想政治教育成为这一时期重要的形式。即时通信工具所具有的即时引导性、精确互动性和高频反馈性等特征，更加有利于高校思政教育工作的开展。最后，充分利用社交网站平台，加强教育宣传。这一时期的社交平台主要包括"校内网"和"QQ 校友录"等，是以校园人际关系网络为核心建立的新媒体社交平台，使用者主要为在校大学生群体。随着社交网站的普及，一些高校开始尝试探索以社交平台为依托的思想政治教育宣传。这种新型的教育宣传方式由于依托真实的人际关系，所以具有更强的可信度和有效性，更容易被受教育者接受。

四、广泛应用阶段(2010—今)

2010 年至今是新媒体思想政治教育的广泛应用阶段，这一阶段的主要特征就是积极利用移动多媒体终端和大数据技术探索新型思想政治教育的理论和实践研究。党的十八大以来，以习近平同志为核心的党中央高度重视网络文化建设和青年思想政治教育工作，要求全体教育工作者要深刻认识到网络文化的复杂性，并做好相应的应对措施。

随着我国网络基础设施进一步升级完善和智能手机制造技术的飞跃发展，我们逐步迈入 Web3.0 的移动互联时代。在这一时期，我国网民人数继续保持高速增长，并随着 4G 时代的来临，手机因其具有的携带方便、操作简单等优势，迅速成为人们学习和生活的重要伙伴。截至 2017 年底，我国手机网民的规模达到 7.53 亿人，而在校大学生更是人手一部手机（平板）或一台电脑，成为上网或玩"微博""微信"等新媒体最普遍的群体。正是基于手机的广泛使用，高校思想政治教育工作者开始探索依靠在手机上运行的"微信"开展教育活动。一方面，利用"微信"既可以进行"一对一"的沟通，也可以通过群聊功能实现多向互动，极大地提高了沟通的效率和针对性；另一方面，建立"微信公众号"平台，定期有针对性地对订阅者推送信息，增强了思政教育宣传的实效性和影响力。

在积极使用新媒体工具的同时，各高校积极探索使用大数据技术。大数据技术的发展和应用正改变着我们每个人的学习和生活，甚至有专家预言它将会带来一场新的技术革命。将大数据技术运用于学校的教育管理中，可以提供更加个性化的教育和服务。大数据技术运用于高校思想政治教育中，将带来以下几个改变：其一，过去依靠人工手动分析部分数据而进行的小规模数据调研活动将会终止，利用云存储和新媒体技术进行的数据收集，将会提供更加全面的数据分析，受教育者的所有信息将会表现为各种量化数据，从而获得更加全面的分析结论。其二，通过大数据技术对受教育者进行数据收集和分析，有利于全面了解受教育者的个人情况，做出更加具有针对性的教育方案。当然，一些学者和专家也对大数据技术的广泛利用提出了担忧，比如个人数据泄露所引发的危机等，但毋庸置疑的是大数据时代的来临会给我们的教育和生活带来翻天覆地的改变。

第二节　发展趋势：探索完善线上线下协同育人模式

一、线上线下协同育人的必要性

尽管高校新媒体思想政治教育强调线上教育的重要性，但也同样重视线上教育与线下教育的协调发展。线上教育的出现极大地提高了思想政治教育的便捷性和有效性，但也存在自身的缺陷，这就需要线下教育来弥补。而线下教育具有悠久的历史传统，积累了大量的宝贵经验，但在新媒体时代又存在一些弊端。因此，只有发展线上线下协同育人模式才能既顺应时代发展的潮流，又保留传统教育特色，实现教育效果的最大化。

（一）加强线上线下协同育人可以顺应时代发展的潮流，迎合当代大学生的现实需要

从线上教育与线下教育自身来讲，各有优缺点，将二者结合起来可以弥补各自的不足，及时做到更新教育内容、丰富教育形式，真正做到将教育的主客体紧密联系在一起，极大地增强了高校思想政治教育的时代性、多样性和交互性。首先，线上线下协同育人有助于及时更新教育内容，紧跟时代发展的脉搏。高校传统思想政治教育主要以面对面的课堂教育为主，教育内容由于受到现实因素的影响更新相对较慢，甚至与当代大学生的实际生活产生了脱节。而线上线下协同育人模式有效地弥补了这个缺陷，增强了教育内容的及时更新和动态管理，淘汰了过去那些跟不上时代的教育内容，及时将社会热点和学生感兴趣的内容融入教育内容当中，将其转化整合为理论化的思想政治教育内容传输给受教育者。此外，线上线下协同育人模式更加注重理论与实践的有效结合，缩短了教育内容与学生实际生活之间的距离，增加了教育的亲和力，能够更加有效地达到教育目标。其次，线上线下协同育人有利于增强教育者与受教育者之间的有效交流和互动。在传统教育中，教育者与受教育者之间的互动与交流由于受到客观条件的影响，一般来说频率是相对较低的。而采取线上线下协同育人的模式，可以有效地促进教育者与受教育者之间的联动，极大地增强思想政治教育的交流与互动。在这种模式下，教育过程不再单方面掌握在教育者手中，受教育者主体地位得到大大的增强，

传统"灌输式"的教育已经无法满足受教育者的需要，教育者与受教育者之间显然需要双向平等互动的教育交流过程。一方面，更加有利于教育者及时掌握受教育者的教育信息，及时了解受教育者的思想状态变化，根据情况及时调整教育目标和方向；另一方面，受教育者可以根据自身情况调整教育进度，增强教育的实效性。此外，在线上线下协同育人模式下，受教育者可以更加轻松自如地表现真实的自我状态，有利于教育者及时有效地全面了解受教育者的思想发展情况，增强教育的针对性。

（二）加强线上线下协同育人可以进一步继承和发扬传统思想政治教育的精华

尽管线上教育具有很多优势，但同时也应该看到其不足。而将线上与线下教育结合起来就是要取长补短，充分发挥二者的优势。首先，线上线下协同育人模式有助于增强思想政治教育的理论深度。线上思想政治教育大多将思想政治教育的内容以碎片化、通俗化的方式表现出来，这在一定程度上影响了思想政治教育理论的深度和表达，不利于思想政治教育作用的有效发挥。通过线上线下协同育人模式有助于保留思想政治教育内容的理论性，有利于实现政治教育的完整表述。此外，由于思想政治教育内容具有极强的政治导向性，需要构建一个安全稳定的教育环境。线上与线下协同育人模式更有利于规避由于网络虚拟环境而造成的多变性和不可控性，有利于推动思想政治教育工作的健康发展。其次，线上线下协同育人模式有助于增强教育的实践性。尽管思想政治教育工作是作用于人的思想意识领域，但它仍需通过受教育者的实践行为来反映。线上教育由于虚拟空间的局限性，很难将教育的最终结果应用到实践中去。因此，线上线下协同育人有利于增强思想政治教育的实践性，通过创设一定的环境来提供教育载体，进一步实现思想政治教育的目标。此外，线上线下协同育人模式能够充分发挥线上线下教育的优势，有效弥补自身的缺陷和不足，取长补短，协调发展，有利于增强思想政治教育的实效性和感染力。对于受教育者而言，线上线下协同育人有助于提高其主体地位，增强思想政治教育的个性化，实现思想政治教育效益的最大化；对于教育者而言，线上线下协同育人有助于提高教育的效率，拓宽教育的手段和空间，保证教育过程的良性运行。

二、线上线下协同育人模式的实施

线上线下协同育人模式的积极作用是毋庸置疑的，如何在教育实践中更好地将线上与线下教育结合起来，真正体现二者的教育优势，实现教育效益的最大化，这需要思想政治教育工作者的不断努力。

（一）与时俱进，更新理念

教育理念的变化发展要紧跟时代发展的潮流，只有更新教育理念，才能真正实现线上线下协同育人的新模式。首先，要转变传统教育理念，注重教育理念的创新发展。传统思想政治教育模式更加关注面对面的交流成果，强调现实中的课堂教育，轻视线上思想政治教育。然而，当今是新媒体时代，新媒体的普及和发展对传统思想政治教育的方法提出了新的要求，要改变传统的教育理念，正视新媒体思想政治教育领域，在新媒体时代发展的大背景下强调线上思想政治教育的必要性和可行性，不断拓展思想政治教育的方式和渠道，扩大思想政治教育的普及面和影响力，要紧跟时代发展的脚步。其次，要注重教育方式的创新发展，将线上与线下教育有机地结合起来。传统思想政治教育固化了教育内容和模式，缺少突破和创新，而当今的新媒体时代是一个日新月异变化发展的时代，只有将传统与现代有机地融合起来，将线上线下协同育人模式真正落到实处，取长补短，优势互补，发挥创新模式的最大功效，才能适应时代发展的要求。最后，在线上线下协同育人模式下要充分体现教育者和受教育者的主体地位。在传统教育中，教育者由于自身所占有的先天优势，掌握了教育的主动权，处于教育中的主体地位。随着新媒体思政教育的不断发展，受教育者在教育过程中的主体地位越来越突出。因此，我们要转变过去重教育者轻受教育者的传统观念，一方面，要增强教育者在教育过程中的引导作用；另一方面，要提高受教育者的主体地位，要做到因材施教，及时关注受教育者的思想动态变化，实现教育的个性化和针对性，满足不同受教育者的需要。

（二）加强队伍建设和人才培养

首先，要重视教师队伍的建设，加大人才的培养力度。线上线下协同育人模式对教师队伍的建设提出了更高的软件和硬件技术要求，需要教育者能够熟练地掌握网络技术和即时通信技术，具备深厚的教学知识储备、较强的教学能力和沟通交流能力、敏锐的警觉性和发现力、良好的心理素质和抗压能力等。只有拥有了一支高素质的高校教育团队，才能真正实现线上线下协同教育，教育者只有不断从理论和实践两个方面充实自身的素质和能力才能应对新媒体思政教育的发展要求。高校思想政治教育工作者应加强学习的主动性，及时掌握最先进的教育内容和方法，自觉提高自身的理论素养。高校管理者也可以采取举办教育比赛和培训的方式，帮助教师提高教育素质和教育能力。其次，要严格筛选教育内容。思想政治教育线上与线下协同育人要求思想政治教育工作者对线上与线下教育资源进行系统有效地把关，进而增强思想政治教育的权威性。教育资源的优质与否直接决定了教育的成效，及时利用优质教育资源，有效整合线上与线下优质思想政治教育资源，着力将线下教育资源转化为线上教育内容，扩大教育覆盖面，同时，也可以将网络教育内容延伸到现实教育环境中。教育者的关键作用正是体现在其对教育内容的严格把关上。最后，要加强对受教育者的有效引导。线上线下协同育人模式的有效开展依赖于思想政治教育工作者引导作用的发挥，教育者要准确把握思想政治教育的大方向不变，对受教育的行为及时进行引导，随时调整教育方法。对于受教育者在教育过程中可能出现的偏差，思想政治教育工作者要始终坚持立德树人的教育根本方向不动摇，根据社会现实状况及受教育者现状做好思想引导工作。

（三）加强教育基础设施的建设

基础设施建设是教育工作的基础，因此，只有建立完善线上线下协同育人模式所需要的基础设施，才能搭建相应的教育平台，为教育的具体实施创造良好的软硬件条件。首先，完善硬件条件，支撑教育运行。新媒体思想政治教育需要互联网信息技术的支持，而只有增加互联网的覆盖力度才能为新媒体思想政治教育提供技术支撑。尤其是对于新媒体思想政治教育工作开展得比较活跃的高校来说，要确保学生主要的活动地点的互联网覆盖力度，如教室、宿舍、图书馆等领域，保证学生上网的条件。同时，对于网络运行当中存在的问题应及时解决，如有的学校由于网络运行速度慢、网络不良信息的传播等问题，要及时有效地予以解决，要确保给在校大学生提供一个安全稳定的网络教育环境。当然，随着新媒体技术的发展，学校应提供对手机即时通信工具及无线设备等基础设施的支持。此外，学校还应建立专业化的思想政治教育基地。传统思想政治教育的主要阵地为课堂，同时，学校可以通过开设思想政治教育聊天室、讨论室，促进思想政治教育工作者和学生之间的交流来提高教育的效果。并可以开通专门的心理咨询室，了解咨询学生的心理动向，化解学生烦恼，开展有针对性的思想政治教育工作，进而实现思想政治教育效果的最优化。当然，除了在校园内进行思想政治教育外，还可以到爱国主义教育基地以及革命传统教育基地等开展思想政治教育活动。其次，加强平台建设，实现教育同步。要实现线上线下协同育人就是需要组建线上线下思想政治教育平台，通过网络、课堂和实践开展思想政治教育，同时实现线上线下的同步教育，进一步扩大思想政治教育的影响力。一是主动搭建新媒体思想政治教育学习、交流的平台，建立专业化吸引力强的高校思想政治教育主题网站；利用方便快捷的即时通信平台，如QQ和微信等平台；建立思想政治教育社交平台，如微博、博客、人人、BBS等平台开展思想政治教育工作。二是要充分将课堂与实践融为一体。要在传统教学基础上，结合现代化的教学手段，对教学内容和教学方法进行大胆的改革和创新；要密切结合时代热点，利用辩论、演讲的方式让学生参与到交流互动中来；要注重将课堂所学知识应用到生活实践中去，发挥理论知识的指导作用，可以利用多种教育媒介手段进行实践教育，如带领学生参观博物馆、纪念馆、名人故居、爱国主义教育基地等加强社会实践教育。

（四）充分激发学生的学习主动性

线上线下协同育人模式下要求大学生能够充分认识到自身的主体性地位，能够主动参与思想政治教育的过程。大学生应主动参与线上线下教育活动，对教育信息进行积极的反馈，而教育者在教育活动中更多的是扮演引导者的角色，不能够代替大学生完成教育任务。因此，只有大学生主动参与教育活动才能确立自己在思想政治教育活动中的有效地位。在思政教师的带领下全身心地参与到思想政治教育活动的全过程，并能根据思政教师的教学要求完成相应的学习任务，才能确定其主体地位。同时，大学生应及时将教育效果反馈给教育者，让教育者能够及时准确地接收到反馈信息，便于进行及时有效的调整和完善。同时，大学生应切实加强对教育者的监督和评价。作为受教育者要善于针对思想政治教育活动的设计和教育者的施教行为进行有效监督和评价，敢于指出其中的缺点，但也要肯定其中的优点。大学生要给思政教师提出有价值的建议，给思政教师提供一个全新的观察问题的视角，使思想政治教育工作得到调整完善和提高。在线上线下协同育人模式中，教育者和受教育者要学会进行榜样教育和自我教育，要让受教育者参与其中，达到思想政治教育效果的最大化。此外，还可以通过设立党员示范岗来激励以优秀党员学生为代表的受教育者进行自我教育，让受教育者在榜样教育过程中意识到自己所欠缺的方面，并及时通过自我教育进行补充和完善。

（五）及时更新教育内容，保证线上线下教育内容的一致性

线上线下协同育人模式下，需要实现线上线下教育内容的匹配，并适当对教育内容进行补充。首先，要及时更新教育内容，使线上线下教育内容同步发展。当然，由于线上与线下的更新速度是有差异性的，但至少要做到线上教育内容与线下教育的核心内容具有一致性，以防止由于网络传播的虚拟性和不可预知性等因素造成思想政治教育内容的歪曲和歧义。线上与线下教育内容应相互借鉴，各取所长，协调互补，在保证思想政治教育内容核心一致性的同时，也可适当增加内容的流动性。线上线下协同育人模式需要实现线上与线下教育内容的同步和匹配，只有如此，才能使其更好地服务于思想政治教育工作。其次，线上与线下教育内容应实现良性互动，避免各自为政。在线上线下协同育人模式中，加强线上线下思想政治教育内容的良性互动十分必要，我们要善于发挥线上线下教育方法各自的优势，以此带动线上与线下的互动交流，从而实现相互促进、优势互补、共同发展。在实际教育过程中，针对线上思想政治教育存在实践性不强的问题，线下思想政治教育应该有针对性地开展一些实践活动；而对于线下思想政治教育理论性过强的问题，则可以通过利用线上思想政治教育过程中的即时互动平台进行弥补，通过新媒体对线下教育内容中的问题进行讨论和总结，形成意见反馈机制，实现线上与线下的良性互动。最后，要注意扩充线上线下教育的内容和深度。线上线下协同育人模式中，要协调好线上线下的教育内容，实现二者的分工协作。一方面，可以分配线上与线下教育内容的表达重点，对于线下思想政治教育

内容可以从深度着手，而对于线上思想政治教育则可以从广度上着手。另一方面，要协调统一线上线下的教育内容，使二者可以借鉴吸收彼此的优势，弥补自身的短处，同步协调发展。

第四章

高校新媒体思政教育的矛盾与规律

第四章 高校新媒体思政教育的矛盾与规律

不忘根本,方得始终。矛盾和规律是推动事物发展的决定性因素,矛盾是推动事物发展的根本动力,而规律则是存在于事物内部并支配事物运动发展的必然联系。理论研究要想深入,就必须进一步挖掘事物运动和发展的支配力量,即事物的矛盾和规律。对于高校新媒体思想政治教育而言,正是由于其背后的矛盾和规律,决定其发展方向和进程。

第一节 高校新媒体思政教育的矛盾

高校新媒体思想政治教育是由其内部和外部各要素之间的矛盾共同推动发展的。思想政治教育的矛盾就是"一定社会发展和人的发展及趋势所必然提出的,并由教育者所掌握的思想政治素质要求与受教育者思想政治素质发展状况之间的矛盾"[1],是思想政治教育过程运动、变化和发展的源泉和动力,可以将其简单划分为普遍矛盾和特殊矛盾两大类。新媒体思想政治教育作为思想政治教育的一个分支,尽管教育的环境和手段发生了巨大的变化,但从其根本上来讲,仍然遵循现实环境下思想政治教育的普遍矛盾。因此,其基本矛盾与过去相比并无本质差别,可以将高校新媒体思想政治教育的过程理解为教育者依据一定的网络社会要求,运用网络手段对受教育者施加影响,帮助受教育者的品德和素质满足网络社会的发展要求。但同时,其具体的指

---
[1] 骆郁廷. 思想政治教育原理与方法[M]. 北京:高等教育出版社,2010:116.

涉发生了变化。首先，高校新媒体思想政治教育中的教育者的范围扩大了，它既包括高校的理论课教师及工作人员，也包括网络环境中具有较高理论水平的网络教育者。其次，高校新媒体思想政治教育中的教育对象也发生了变化，这里的教育对象特指大学生网民。最后，高校新媒体思想政治教育的要求也发生了扩展，既包括现实当中要求受教育者掌握的内容，还包括网络社会所提出的新要求。

在高校新媒体思想政治教育过程中，同样存在着普遍矛盾和特殊矛盾。无论是传统的思想政治教育还是新媒体思想政治教育，都存在着教育者与受教育者之间的矛盾、教育者与教育要求之间的矛盾、受教育者与教育要求之间的矛盾、教育过程各要素之间的矛盾等。矛盾存在于大学生网络思想政治教育的各个环节之中，并通过教育现象表现出来。事实上，与普遍矛盾不同，特殊矛盾并非具有唯一性，而是一个具备层次性和多样性的矛盾体系。高校新媒体思想政治教育的特殊矛盾主要包括：一元化与多元化之间的矛盾、主导性与自主性之间的矛盾、确定性与不确定性之间的矛盾。

一、一元化与多元化之间的矛盾

无论是传统思想政治教育还是新媒体思想政治教育，目标之一就是坚持用马克思主义的理论主张武装大学生的头脑，帮助更好地指导实践。正因为如此，高校新媒体思想政治教育的价值指向目标是一元化的，是明确而具体的，即"实现正确的理论导向、理想信念导向、奋斗目标导向、制度政策导向、舆论导向等导向功能"①。所以，高校思想政治教育工作要求教育内容必须符合中国特色社会主义主流价值观念，符合社会主义核心价值观，任何与社会主义主流价值观相左的价值理念都会受到高校新媒体思想政治教育的抵制和排斥，要真正确保高校思想政治教育的纯洁性。大学生是祖国的未来，以他们为对象的教育更需要突出教育的价值性，只有在保证一元化的前提下，社会主义教育的性质才能真正得以体现，也才能真正实现思想政治教育的既定目标。一旦教育失去了最初的价值指向，教育过程也必定会最终偏离正常的运行轨道，教育的性质和意义也就随之产生根本的改变，所以坚持高校新

---

① 黄永宜，魏刚，黄燕. 论网络思想政治教育过程中的主要矛盾关系[J]. 理论导刊，2011(11).

媒体思想政治教育价值目标的一元性是极其重要的。相对的，与新媒体思想政治教育目标的一元化相比，网络由于其具有的虚拟性特征，更多地表现为多元化。这里的多元化一方面是指网络载体的控制权的分散，区别于现实环境中相对规范集中的管理；另一方面是指信息传播和流通的载体和渠道是多元化的。与传统信息传播不同，网络环境下信息载体通常可以被多种主体所共享，而不再仅仅是少数人向多数人传递信息的工具，受教育者同样可以通过网络手段向外界传递信息，这也造成了"信息源"的范围无限扩大，新媒体信息内容无限丰富。同时，在网络环境下，信息的传输方式突破了传统"一对一"或"一对多"的模式，形成了"多对多"的循环立体的传输模式，这就改变了过去以某个信息节点作为中心的模式，在网络信息传播中可以存在多个信息传播中心。此外，由于这种传输模式是立体循环的，所以信息传播的起点和终点是相对的，甚至信息的传播方和信息的接收方地位可以互换，对传播的信息进行交流互换。网络信息的传播载体和交流方式决定了新媒体环境不可能是一个一元化价值的场域，必然伴随着多元化的价值流通。

当然，一元化与多元化是相对的，甚至在新媒体教育中是可以同时存在的。在互联网条件下，网络社会中的制度规范和价值文化处于一个不断发展变革的阶段，因此其内容更加凸显出多元化的价值倾向。这种价值倾向的形成尽管是自发的，但作为教育者应正确引导网络价值观念的发展方向，保证新媒体环境的健康发展。高校新媒体思政教育者在进行教育引导时，要严格对网络内容进行筛选，要对那些不符合社会主流价值观的内容坚决予以剔除，保证现实与网络在价值观念上的一元化。需要注意的是，尽管我们要求价值取向的一元化标准，但在信息的类型和表达方式上更加倡导多元化趋势，倡导各种新媒体和平台的自由展示，不断创新方法和模式，发展差异化教育。对于高校新媒体思想政治教育工作来说，更需要在保证一元化的价值引导的前提下，不断创新教育模式和教育方式，以更加丰富的形式对大学生网民施加教育，只有如此才能真正吸引受教育者的关注，增强教育的实效性。

在具体的教育实践过程当中，思想政治教育价值要求的一元化与网络传播的多元化之间的矛盾是比较突出的。网络传播的快捷、高效极大地便利了教育内容的传播，但同时，由于网络载体在信息传输过程当中的特性，更加深了这种传播方式在传播信息内容时的不确定性。其一，网络载体信息传播的分散性削弱了教育者对信息的把控作用，管理者和教育者无法对传播信息做到层层审核，使得一些负面信息在不经意间就轻易地被受教育者接收，对受教育者造成不利影响。甚至有的网络媒体，为了"眼球经济"，不惜以牺牲价值导向为代价；有些思想政治教育工作者自身立场不鲜明，无法对网络中的负面信息做到理直气壮的辩驳，一度使网络价值观偏离了社会主义主流价值的导向。所以说，尽管网络的开放性和共享性极大丰富了教育的资源和手段，但同时也加大了信息传播的风险。其二，由于网络传播是"多对多"的立体传播模式，也就意味着信息传播的来源和渠道是多元化的，各种网络参与者都可以通过网络传递信息，这无形当中削弱了教育者信息传播的影响力。网络信息纷繁复杂，各种新闻、信息纷至沓来，目不暇接。各网络传播主体为了吸引关注可以说是使出了"十八般武艺"，通过各种手段来吸引网民的点击率，这对大学生网民获取教育信息是极大的干扰。在这种竞争环境当中，如果高校新媒体思想政治教育工作者不能抢占大学生的注意力，无法让大学生获得需要的知识，那么新媒体思想政治教育的实效性会大打折扣。其三，网络载体的传播方式使得网络文化与现实文化产生了差异，甚至在某种程度上网络文化中的一些价值取向和思维方式会对现实社会造成干扰。网络的发展拓展了人类的生存方式，即虚拟生存或网络生存，并随着网络技术的进一步发展，人类的虚拟生活与现实生活正在渐渐融合。尽管绝大多数的网络虚拟生活是以现实社会为基础的，是由现实社会所决定的，但同时，网络虚拟社会的一些价值观念和思想文化也会渐渐迁移到现实社会，这也可能使得现实社会当中的一些价值理念发生变化。而网络社会由于其信息传播的超时空、双向流动等特性，使网络世界中的价值取向具有了多元化的特点。当然，这种价值尺度的影响不仅体现在实践层面，并且可能会影响思维和认知层面。当代在校大学生是天然的网络生存者，熟悉和了解网络环境中的文化和生存法则，这也造成了他们自然而然地认同网络世界中的价值取向和行为准则，并对违反网络价值标准的行为产生排斥和抵触，这无疑增加了高校一元化价值教育的难度。

二、主导性与自主性之间的矛盾

传统教育中，教育者一般来说是处于当之无愧的主导，处于教育的核心地位。在教育活动中，教师是制订教育计划、组织教学秩序、完成教育任务的主要施行者。网络教育的出现打破了传统教育者与受教育者的关系，教育者的主导权受到极大的削弱，教育者的中心地位受到了巨大的挑战。在新媒体环境下，由于网络的开放性和共享性，一方面极大地便利了人们获取知识的速度和手段；另一方面，网络中极为丰富的知识和资源，远远超出了单个教师可以创造和掌握的数量。受教育者可以通过网络手段轻松获取更多的教育资源和信息，而教育者依赖其掌握的教育信息和教育技能所建立起来的主导地位就发生了弱化。同时，由于网络文化与现实文化之间的差异，受网络文化思想影响的95后受教育者更乐于接受"反传统""反权威"的精神，这也就造成了过去以教育者为主导的教育活动在网络世界中举步维艰，难以为继。在网络社会中，受教育者更乐于"追随"具有话语权的新媒体意见领袖，这就给绝大多数新媒体思想政治教育工作者提出了更加艰巨的任务，如何才能掌握新媒体话语权，用先进的思想和文化引领青年一代。

相对于教育者主导地位的不断下降，受教育者在新媒体环境下的自主性却大大提升。这种自主性主要表现为，既可以自主选择教育方式，也可以自主选择教育的内容和形式。一方面，教育者参与新媒体活动的自主性加强，教育者可以自主选择以何种方式与大学生形成网络互动，教育者具有更强的教育自主权；另一方面，大学生可以选择喜欢的方式和内容与教育者形成互动，受教育者在选择权方面具备更大的自主性。同时，由于网络信息的获取极为便利，在一些情况下，大学生甚至可能掌握比高校教育者更多的教育资源，这就意味着网络教育可以实现"无师自通"。正因为如此，在网络环境下，教育者丧失了传统教育过程中的优势地位，相反，对于受教育者而言这意味着个人学习能力的无限延伸。新媒体环境一方面丰富了教育资源和学习手段，同时有助于教育克服时间和空间的束缚，真正实现随时随地地自主学习，极大地便利了教育者和受教育者。另一方面，网络的虚拟特性决定了在网络空间中的教育具有虚拟性，区别于传统教育中的"面对面"式的教育，教育双方通过虚拟身份交流与互动。这在一定程度上使教育者和受教育者脱离现实身份，以自主建立的虚拟身份存在，从而降低了彼此在网络教育活动中的心理压力，使双方的教育行为具有更强的自主性。

教育者主导性的降低与受教育者自主性的提高之间存在着一系列矛盾。首先，教育者权威地位的降低与受教者虚拟身份转换之间的矛盾。教育者在教育中的主导地位一定程度上是由现实社会当中的传统习惯和社会制度所赋予的，是教育者主体地位得以保证的基础。然而，在网络环境下，由于网络空间的虚拟性，现实社会的很多传统习惯和制度的束缚力大大降低，这也决定了网络教育中教育者对于受教育者的强制约束力下降。甚至在通常情况下，很多网络教育者在新媒体环境下采取隐藏身份或虚拟身份的方式与受教育者进行交流和互动，以此来降低现实社会中给受教育者带来的心理压力，以期获得更加真实、完整的信息。这就意味着教育者的权威主导地位进一步下降，相反受教育者因为脱离了现实身份的束缚，具有网络行为的极大自主性，教育的主客体地位被进一步打破。其次，加大了教育者与受教育者自主选择之间的矛盾。在新媒体环境下，教育者仅靠传统权威所建立起来的主导地位是难以为继的，鉴于此，教育者更需要提高自身的网络教育水平，增强对受教育者的吸引力。在新媒体世界，受教育者具有更高的自主选择权，可以自由挑选教育内容，这就要求教育者必须提高教育的吸引力，保证受教育者接收到需要的教育内容。此外，在受教育者拥有更强的自由选择性的条件下，受教育者信息获取渠道呈现多样化态势，既包括教育者传播推送的信息，也包括非教育媒体所推送的信息。甚至在一些情况下，由于教育者受到传统思维的束缚，传播的信息过于枯燥乏味，而一些网络平台凭借其较高的专业素养和强大的软硬件支持，更加能够获得青年学生们的认可和支持。同时，受教育者的自主性还表现在教育活动中拥有更大的选择权和自由度。受教育者在接受网络信息时可以选择多个平台的信息，甚至在教育过程当中可以自由地进入或退出。这就要求高校新媒体思想政治教育工作者苦练内功，增强新媒体教育的能力，保障受教育者能够在新媒体环境下获得需要的教育信息而不受到外界不良因素的干扰，使其各项素质都能得到稳步提升。高校新媒体思想政治教育工作要更加贴近大学生群体的实际需要，从而激发青年学生的学习热情。

三、确定性与不确定性之间的矛盾

所谓的确定性主要是指高校新媒体思想政治教育的教育目标和要求是明

确的，具有确定性。由于高校思想政治教育是服务于中国特色社会主义的，其方针和要求是以国家层面下发实施，具有明确的目的性。一般来说，思想政治教育的内容和目标是根据社会的发展和需求，经由学术层面的研究和探讨，最终由教育主管部门和高校共同确立，无论是形式还是内容都具有严格的规范性。这一过程必须要经历相对复杂的流程和程序，需要耗费大量的时间与精力才能完成。同时，从教育的实施结果来看，为了更好地向受教育者传达教育信息，教育者需提前对教育内容进行准备和掌握，并将教育内容和精神转化为大学生喜闻乐见的形式，最终传达给大学生，这个过程同样需要耗费较长的时间和巨大的精力。此外，由于每个大学生的学习能力和理解力是不一样的，这就需要教育者反复灌输，最终实现学生对于既定知识内容的掌握和内化，并转化为行动和方向的指导，实现个人素质的提升。由此可见，教育目标的确定与实现的内在特性决定了它在客观上具有严格的规范性，制定和实施必须严格按照既定程序施行，是不可能随意调整的，即便外部社会环境已经发生了显著变化并有了新的载体，教育确定性的变革或多或少具有一定的滞后性，而新的教育目标同样需要经历严格的程序和步骤才能最终确立下来，这是由教育目标的确定性决定的。

与教育目标确定性相对比，由于网络环境的自由、开放等特征，造成了网络教育信息的获取和教育活动开展当中的不确定性。从网络信息的获取来看，网络信息的极大丰富与快速流动，更加有利于受教育对于新知识和新观念的理解和接纳，而由于网络环境的高度开放性，网络信息良莠不齐，这就使得大学生在新媒体环境中接受的教育和知识往往是不确定的、无序的。同时，由于网络信息传播的模式是"多对多"，大学生接收到的信息往往是多样的，甚至对同一个问题的结论会天差地别，这就增加了大学生辨别信息真伪的难度，造成其价值观念的复杂多变。大学生正处在价值观念的形成时期，对于新鲜事物具有旺盛的好奇心，容易误信网络上的一些不良信息，而对正确价值取向的形成造成一定障碍。同时，由于新媒体教育区别于线下的教育环境而开展，更加依赖受教育者的接受程度和自主性，无法同线下教育一样，按照一定的程序和步骤缓缓展开，使受教育者能够深入浅出、由表及里地加强认知。新媒体环境下的教育更多地采取随机教育的方式，比如通过某起社会事件或某个社会热点话题而展开，最终引导受教育者理解和掌握。此外，由于新媒体技术日新月异，教育者表达教育信息的方式也在不断的变革当中，而这种变革更多地紧跟学生和社会发展的要求，对于新技术的掌握更多的是通过教师自身的学习和提高，并未形成教育部门或高校系统性和规范性的培训，这也就造成了教育者的网络教育能力参差不齐。

在高校线下教育环境中，由于教育对象和教育内容是明确的，其教育遵循一定的规律和程序而进行。而在新媒体环境中，虽然也具有确定性的教育目标，但由于网络教育的特性，客观上增加了网络教育过程当中的不确定因素，相应地造成了高校新媒体思想政治教育中的目标的确定性和教育过程的不确定性之间的矛盾。这个矛盾具有以下几个特点：一方面，尽管教育目标是明确而具体的，但在网络教育过程中，会随着受教育者的需求发生一定程度的变化。事实上，受教育者的内在需求是确定教育目标的重要依据之一，特别是在互联网条件下，大学生的网络行为具有高度自由度，高校新媒体思想政治教育活动只有满足大学生的内在需求，才能够真正改变其思想和行为。因此，教育目标的制定不能仅仅从宏观社会层面制定，还应该充分考虑大学生的个体需求，符合大学生的客观条件。但是，由于网络教育过程当中的不确定因素的增多，使教育目标与受教育者的个体需求很难达到完美的匹配。当然，实际的教育过程中往往出现各种随机性，这就要求新媒体教育工作能够随机应变，在坚持教育方向不动摇的前提下，适当改变教育的内容和方式。另一方面，由于网络教育中不确定因素的增加，造成了教育者很难对网络环境下受教育者的思想政治教育素质的发展状况做出整体性评估，只能依赖部分网络环境中的受教育者某一阶段或某种情景下的思想和行为来推断网络受教育者的整体素质水平，而由于判断依据的不确定性，也造成了教育者判断的难度。正因为如此，尽管教育目标的总体方向是确定的，但由于网络世界的复杂多变性，教育者也需要对教育目标进行调整，增强新媒体教育的灵活性，以应对教育过程当中存在的不确定性。

第二节　高校新媒体思政教育的运行规律

在马克思主义唯物论中，规律是事物之间内在的、本质的、必然的联系。

思想政治教育的规律主要是指思想政治教育过程各要素之间的本质联系及其矛盾运动的必然趋势。我们也可以把思想政治教育过程中的规律理解为各种要素之间的内在的、本质的、必然的联系。并非所有思想政治教育活动中要素之间的联系都可以称之为规律，这种联系必须是要素之间的深层次的本质性联系，同时这种联系既可以产生于"一对一"的要素之间，也可以存在于"多对多"的要素之间，通过彼此之间建立的本质的、必然的联系与影响事物发展的客观规律。这种联系与影响是客观的，不以人的意志为转移，是由事物的本质属性所决定的。也正因为如此，在我们对一事物进行研究时，首先就要通过现象揭示事物运动发展的客观规律，把握事物的本质。具体而言，思想政治教育的主要因素包括教育者、受教育者、教育介体、教育环体等，这些要素之间存在着深层次的互动关系，思想政治教育的目的最终能否实现有赖于这些要素之间能否达到合理的配置。研究高校新媒体思想政治教育的规律也就是研究在具体的教育活动中，其各要素之间是如何通过相互联系、相互影响最终促进大学生思想品德的形成与发展的。

高校新媒体思想政治教育是思想政治教育的重要分支，同时由于其特性，因而具有发展的特殊规律。在对高校新媒体思想政治教育活动规律进行研究时，更多将其视作是在网络环境下，研究和探讨思想政治教育活动中各要素之间的本质联系及要素之间的矛盾运动趋势。总体来看，高校新媒体思想政治教育活动的规律可以划分为两个层次，即基本规律和具体规律。基本规律是指事物运动变化发展过程中的根本规律。高校新媒体思想政治教育活动中的基本规律与传统高校思想政治教育的基本规律是相同的，即思想品德意识的形成发展规律和思想政治教育对社会发展的服务规律。但由于具体的教育环境、教育媒介等发生了变化，高校新媒体思想政治教育的变化与发展也呈现出自身的特点。网络环境下对于思想政治教育规律的探讨，更多的是要基于教育各要素在网络环境下，和传统思想政治教育活动相比，有其自身特殊的发展规律。尽管不论是传统思想政治教育还是新媒体思想政治教育，二者归根结底都是教育要求与受教育者现状之间的博弈，但由于具体教育环境发生了很大的变化，其具体要素之间的关系也发生了很大的变化。

高校新媒体思想政治教育的研究随着互联网技术的发展而不断地深入，

在这个过程当中，我们要不断加深对其本质的了解。只有认识和掌握了事物发展的客观规律，才能更好地开展新媒体思想政治教育工作。思想政治教育活动是教育者、受教育者、教育介体、教育环体之间的必然的、本质的联系，其根本目的就在于教育者在教育环体影响下，借助教育介体，对受教育者施加影响，使受教育者的思想意识发生变化。在新条件下，其构成要素虽然未发生根本性变化，但在要素资格、外部形态、内部属性等方面已经发生了很大程度上的改变。为了更好地解决当代高校新媒体思想政治教育中所遇到的各种重大问题，有针对性地解决问题，就需要对高校新媒体思想政治教育规律进行更多的关注和探讨。

一、教育发展与教育环境的共轭发展规律

教育发展与教育环境的共轭发展规律或相适应性规律是网络教育变化发展的重要规律之一。思想政治教育的环境主要是指"影响人的思想品德形成和发展，影响思想政治教育活动运行的一切外部因素的总和"[1]。环境对事物的影响是毋庸置疑的，我们对教育的考察必须要将其放置于整个社会环境中进行，要重视环境对于教育所产生的作用。具体而言，高校新媒体思想政治教育的过程发生和发展在一定的网络教育环境当中，二者之间的关系是辩证统一的。"环境的改变和人的活动或自我改变的一致，只能被看是并合理地理解为革命的实践。"[2]教育发展与教育环境之间的联系相辅相成、共同发展。教育总是伴随着社会环境的变化而发展，它由特定的社会环境所催生，健康的教育发展总是能够满足社会环境和现实发展的需要。高校新媒体思想政治教育活动的组织和实施必须建立在一定教育环境的基础上，同时，在一定的教育环境的影响下，也更有助于大学生接受教育理念，促进大学生整体思想品德素质的提升。

教育发展与教育环境相互制约。首先，新媒体教育环境主要是指受教育者直接面对的新媒体思想道德氛围、相互感染的情绪境遇以及某种思想主导的倾向所造成的新媒体文化发展态势，如新媒体管理程序稳定、新媒体风气文明良好、新媒体生活生动有序，能否促进主体在运用网络平台时获得心理

---

[1] 张灿耀，等. 现代思想政治教育学[M]. 北京：人民出版社，2006：298.
[2] 马克思恩格斯文集(第一卷)[M]. 北京：人民出版社，2009：504.

上的安全感、稳定感和责任感，减少来自外界的干扰。其次，开展高校新媒体思想政治教育的环境能够在较高的程度上影响和制约大学生的学习效果。最后，大学生的先天因素与后天因素的发展状况也会制约新媒体思想政治教育的实施效果，如大学生自身的生理遗传、经济生活、社会条件等因素。总之，教育只有在一定的环境当中才能实现，新媒体思想政治教育的实施需要相匹配的教育环境。社会意识是对社会存在的能动反映，社会教育作为社会意识的一部分，它的变化发展必然要受到社会存在的影响和制约。如果教育发展超出教育环境的发展，就会由于得不到相应的支持而只能成为"空中楼阁"，无法落实到实践中来。不仅如此，过度超前的教育极大可能引导教育者朝着脱离现实的方向做无用功，不仅无法指导实践，而且将教育实践引向歧途。因此，高校新媒体思想政治教育活动必然会受到教育环境的制约。新媒体教育的良性发展会促进教育环境的不断提升，为教育环境的发展提供巨大的资源保障和智力支持。

教育发展与教育环境相互推动。一方面，社会环境发展的需要是社会活动的根本出发点和目标，是推动事物发展的根本动力。思想政治教育活动作为人类长期以来的实践活动，其效用正是为了满足社会环境的发展需要。因此，在新媒体思想政治教育过程中，把握好、激发好大学生的需要，能够极大地促进高校新媒体思想政治教育的发展。高校新媒体思想政治教育活动是在大学生自身需要的驱动下进行的，教育需要是新媒体思想政治教育得以开展的出发点和前提。同时，受教育者是生活在客观现实环境当中的自然人，具有客观需求。人的需求只能来源于其所处的客观环境，既包括物质需要，也包括精神需要，二者不可偏废其一。人的需要会随着社会环境的发展变化而变化，呈现出从低级到高级，从物质到精神的发展趋势。另一方面，教育的不断发展也推动了社会环境的进步。环境归根结底是由人的实践创造的，离开了人的实践活动，教育环境就成为无根之木、无源之水。也正是因此，我们要不断提高教育发展的水平，用更加优秀的文化创造出更加高尚的新媒体教育环境，要充分利用虚拟环境中丰富的新媒体思想政治教育资源，从源头上和过程中自主取舍网络载体与资源，避开和排除不利的环境因素。在高校新媒体思想政治教育的过程当中，要考虑大学生自身的具体环境，包括年龄、智力、思想道德基础以及可能接受的教育内容和方式等，同时，也要对学生们的实践活动所取得的进步及时给予支持和鼓励，使优秀的网络文化不断传递，促进整个新媒体教育环境的良性循环和发展。

二、虚拟与现实的辩证统一规律

在马克思主义理论中，人既是自然的存在物，又是社会的存在物，并通过在社会环境中生存和发展，实现个体的社会化和价值化。在计算机问世之前，人类的生存方式主要存在于现实环境之中实现的。网络的出现改变了人类生存方式的单一性，人类可以通过数字手段，实现人类在网络虚拟环境当中的网络生存。换言之，这里所说的"生存"具有双重指涉，它既包括现实生存，也包括虚拟生存，是两种生存方式的统一。在高校新媒体思想政治教育中，教育者和大学生的生存方式由现实社会和虚拟社会共同赋予。由于教育者的多数行为活动在网络空间中展开，因而其社会价值不是单纯由现实社会所赋予，而是由虚拟社会的"第二性"所决定。当然，教育者的社会价值不可能单纯由虚拟社会所赋予，其价值既包括虚拟社会价值也包括现实社会价值，因而，这里的教育者就具有了双重的身份，在同一时间和一定范围内既承担现实社会责任，也承担虚拟社会责任。尽管虚拟社会具有一定的独立性，但从根本上来讲，它是依赖于现实社会而存在的，因此新媒体思想政治教育工作者所承担的虚拟教育责任和现实教育责任在某种程度上是统一的。但由于生存的条件和环境发生了变化，其具体职责又是存在明显差异的。这就使得高校新媒体思政教育工作既要遵循现实社会的教育规律，也要服从虚拟社会中的教育准则，实现虚拟教育与现实教育的辩证统一。

从社会定位来看，一方面，网络虚拟生存要求思想政治教育工作者必须具有熟练的网络技能，即要具有较高的新媒体应用能力，同时还要求其经常参与网络活动，对网络文化和网络主流价值观有一定的认识，只有如此才能真正地深入新媒体世界，扮演网民角色。另一方面，现实社会存在需要思想政治教育者做好本职工作，具有较高的道德水平和文化素质，并对社会的各项要求做到模范遵守，为学生起到模范带头作用。可见，高校新媒体思想政治教育工作既要满足虚拟网络社会当中的各项要求，又要符合现实社会中的价值判断标准。在实际的教育过程当中，有些高校新媒体思想政治教育者由于对虚拟和现实这两种教育方式没有清晰的界定，容易在教育实践中出现社会定位混淆的现象。

从社会要求来看，虚拟生存方式要求新媒体思想政治教育工作者能够及时适应新媒体环境的变化和发展，并及时利用最新的新媒体技术手段和方式开展教育活动。此外，作为新媒体思想政治教育工作者还应主动适应网络自身的一些特点，如开放性、虚拟性等，要随时紧跟新媒体技术和环境发展的步伐，及时调整自己的教学方式和手段。与之相对的是，现实教育环境中并未对思想政治教育工作者有上述要求和规范，甚至在一些具体的要求方面还存在极大的差异。比如在传统教育中，教育者处于绝对的权威地位，整个教育过程的发生和发展由教育者主导，受教育者更多地处于被动的接受地位。网络的出现打破了这一格局，网络教育极大地实现了教育双方的平等地位，甚至在很多情况下，受教育者反而成为教育活动当中的主导。因此，虚拟与现实对教育者的社会要求是不一样的，这也就要求教育者在具体的教育环境和条件下采取不同的教育手段和策略。

从社会机制来看，现实环境下，对高校思想政治教育工作者已经形成了非常具体、完备的教育手段和培训体系，教育者可以通过一系列有目的的指导和培训，迅速成长为一名符合社会要求的思想政治教育工作者。相比较而言，网络环境的产生则要晚得多，针对教育工作者的教育和培训还处在不断的探索和实践当中，还没有形成一个系统、完备的体系，这也就造成了绝大多数新媒体思想政治教育者更多的是通过自己不断地总结和摸索，来提高自己的新媒体教育能力。由于这种探索和学习更多是一种自发和自主的个人行为，缺乏比较科学具体的指导，因此在教育实践过程当中，经常出现新媒体思想政治教育工作者无法同时满足虚拟和现实教育的要求，阻碍了教育活动的有效开展。

由此可见，虚拟与现实之间的辩证统一规律是高校新媒体思想政治教育规律中的重要一环。只有教育者处理好网络虚拟生存方式和现实社会生存方式的对立统一，既能符合网络虚拟社会的各项要求，也能承担起现实社会中的各项责任，教育过程才能实现真正的高效运转。但在具体的教育实践中，常常有教育工作者受到传统思想政治教育观念的影响和束缚，无法适应网络虚拟生存方式，难以及时调整自己的社会角色，实现虚拟与现实之间的互换，从而无法真正融入网络生活，无法真正在新媒体环境中对受教育者进行教育和引导，造成网络教育常常空有其表。而同时也有高校新媒体思想政治教育工作者过度沉溺于其所扮演的虚拟网络社会角色，忽视了现实社会的规范和要求，最终无法完成教育的目的。正因为如此，作为高校新媒体思想政治教育工作者在教育实践中要学会并运用好教育过程中虚拟与现实的辩证统一规律。

三、主体间的双向互动规律

在新媒体思想政治教育过程中，施教者与受教者是两个基本要素，因此对新媒体思想政治教育基本规律的探讨首先就必须充分认识施教者与受教者在新媒体思想政治教育活动中的地位和作用。思想政治教育作为一个系统，以施教者和受教者为核心形成了一个境域体系。在这个体系中，施教者和受教者之间不是支配与被支配、控制与被控制的关系，而是一种双向互动的关系。

一方面，在新媒体思想政治教育中，施教者与受教者之间的地位是平等的，都是作为主体而存在的。在其共同拥有的信息平台上，虚拟性特性使主体的真实身份被隐藏而以数字符号所取代，新媒体施教者与受教者处于平等的地位，其角色可以互换，新媒体思想政治教育主体可以自由选择自己需要的信息，发表自己的意见和观点，每个网民既可以是信息的接收者，也可以是信息的发布者和信息的传播者，打破了传统教育中对信息的控制和垄断，使教育信息的传播者和受众变得更加自由和平等。甚至在许多情况下，受教主体运用网络信息传播平台的意识及能力甚至超越了施教主体。在现实高校环境中，教学双方在信息传播能力、资源支配权力等方面存在明显的差异，二者的力量对比处于"非均势"状态。但在互联网环境中，施教主体与受教主体的信息差、能力差、地位差、权力差都已显著缩小，双方的力量"均势"体现得更为明显，细言之，由于教学双方在力量"均势"条件下建立平等关系，施教主动权由教育者掌握，而受教主动权则由受教育者掌握。传统条件下教育者依靠其手中掌握的"硬性"力量传播教育信息的施教方式在网络环境下很难对受教育者产生约束力。因此，要真正使施教与受教有效衔接，施教主体只能与受教主体进行平等互动。这种深刻变化有利于充分反映来自教育主体和社会各方面的不同愿望、意见、要求和呼声，为在网络空间里充分发挥宣传思想工作的正面引导作用和主体间互动统一提供有利条件。

另一方面，新媒体思想政治教育中主体间的交互性增强。主体间平等互动关系的建立，为反馈活动提供了良好的内外环境，而充分的反馈活动使施教与受教主体真正实现有效衔接与统一。由于强制性力量的排除，平等互动关系能够最大限度保证反馈的自然性和真实性。平等的互动环境也使得受教者的心理压力显著降低，从而激发其提供反馈信息的热情与积极性。事实上，在此基础上施教者对反馈的回应也正是主体间平等互动所追求的目标，它为施教过程和受教过程搭建了一座深度联系的桥梁。对施教者而言，可以从受教者对施教行为的高效反馈中较为准确地判断教育信息是否被其接受，以及在何种程度上接受，进而根据反馈情况对施教计划和行为进行持续改进，以不断提升施教效果。新媒体思想政治教育主体的实践活动本身就是多个主体间的交互性活动，凭借网络信息平台这一媒体中介，围绕共同关心的问题进行探讨，通过建立在新媒体思想政治教育基础上的主体之间的交往与对话达成共识，共生共存。网络的无限开放性打破了传统思想政治教育的时间、空间、行业、社会群体等因素的局限，使一对一、一对多、多对多的交互成为现实。在受教过程中，受教育者的主体性主要表现为一种能动性。在互动过程中，双方共同发挥主体性作用，形成一种双向互动的辩证关系。现实高校环境中，施教者与大学生的主体间关系通常作为思想政治教育活动应当实现的目标或应当坚持的原则而存在，主要表现为应然性关系。但在互联网条件下，教育者与大学生的主体地位得到充分确认，双方的平等互动早已不再仅仅是一种目标追求，而是转化为客观存在的实然性关系，这种关系自然地上升到规律层面。这一规律要求我们加强新媒体思想政治教育主体间的互动，施教者应充分利用网络即时交互的特性，与大学生进行思想沟通、交流，以达到新媒体思想政治教育的目的。

第五章

高校新媒体思政教育的内在机理

第五章 高校新媒体思政教育的内在机理

高校新媒体思想政治教育活动是教育者与受教育者共同参与、相互作用的过程,这一过程是复杂的、生动的,同时也是有机理可寻的。对高校新媒体思想政治教育的机理研究,可以为高校新媒体思想政治教育活动提供实践指导,推动和促进高校新媒体思想政治教育目标的实现。

第一节 高校新媒体思政教育的构成要素

思想政治教育要素是思想政治教育过程最基本的单位,学界对于思想政治教育要素构成的探讨已经形成了"三要素"说、"四要素"说、"三体一要素"说等诸多观点和论断,然而上述研究更多的是针对现实条件下的思想政治教育而言的。网络的虚拟性与开放性改变了教育的实施环境,人在网络空间中以数字化的形式存在,整个网络空间在本质上是数字信息化的产物。尽管教育的环境和媒介发生了变化,但其基本的要素组成并没有改变,因此,我们同样可以认为高校新媒体思想政治教育的构成要素主要包括:教育者、受教育者、教育内容、教育载体。

一、教育者

这里所指的教育者是高校思想政治教育的承担者、发起者和实施者,是教育信息的传播源。在新媒体环境下,教育者既有现实社会明确的、专业的显性教育者存在形态,还具有在网络虚拟空间中载体化、边界化的存在形态。一方面,高校新媒体思想政治教育工作者是现实高校中的思想理论教育工作者，具有专业的理论素养和高尚的思想道德素质，同时能够按照国家和社会的要求，有目的、有计划、有组织地对大学生网民进行新媒体思想政治教育活动。另一方面，高校新媒体思想政治教育工作者通常要具备较高的新媒体技术能力，熟悉网络规则，知晓网络文化，能够以普通网民的身份对大学生开展思想政治教育。可以说，高校新媒体思想政治教育工作者兼具虚拟性与现实性的双重身份，是具有"双肩挑"职责的教育工作者。随着新媒体技术的发展，教育者的构成范围在不断扩大，既包括传统的高校思想政治教育工作者，也包括社会自媒体等。传统意义上的思想政治教育工作者主要指参与高校常规思想政治教育活动的人员，比如高校思想政治理论课教师、辅导员、班主任、心理健康教师、各级党团组织、高校管理者、学生工作部门等。这些教育工作者，在掌握了网络技术和熟悉了网络文化之后，可以得心应手地对大学生实施有效的新媒体思想政治教育。除了以上人员之外，还有一些新兴的教育主体也在高校新媒体思想政治教育中发挥着重要的作用，如学生组织和个人、学生意见领袖和社会自媒体等，他们也在一定程度上承担了新媒体思想政治教育的功能。比如在大学生群体当中影响较大的学生意见领袖，很多大学生会密切关注学生意见领袖的一言一行，将其视为自身发展的目标和方向，甚至成为未来人生的向导。在这种情况下，必须注重规范这部分教育者的行为，要及时进行正向引导，使其对大学生群体产生更多积极影响。

高校新媒体思想政治教育与传统思想政治教育相比有很多独特性。首先，教育者在实施新媒体教育时要尊重大学生的中心地位。传统高校思想政治教育惯于采取一种权威式的话语方式，忽视了教育者与大学生之间的平等地位，新媒体环境下强调平等式话语在新媒体思想政治教育中的应用，构建交往式话语新范式成为主流话语重塑的必然。新媒体语言的形成，在客观上要求教育者转变教育风格，由传授型的对话关系，转换为互动式对话关系。只有如此，高校思想政治教育工作者才能够完整表达思想并传递教育内容，切实关注大学生内在精神品质的提升。新媒体对于大学生的影响是全方位的，必须高度尊重和认同他们的网络话语权，为他们畅通思想表达、情绪宣泄的各种渠道。针对不同话语权的呈现，教育者还可以充当意见领袖，从而正确引导大学生在虚拟网络世界学会理性运用话语权，避免网络话语权的滥用。其次，教育者要注重对大学生的正面引导，树立自我教育、自我管理的理念。新媒体环境下，不同的文化相互交融、碰撞，导致大学生很难做出正确的价值判断，高校新媒体思想政治教育工作者要潜移默化地引导他们树立正确的人生目标。再次，由于网络的开放性和匿名性，大学生在网络中极易迷失自我，随波逐流，在网络中放纵自我，教育者要注意培养大学生的自律意识，拒绝接受网络中不良因素的影响。最后，教育者在教育中要注意语言的感染力。传统思想政治教育话语模式已经不符合新媒体时代发展的需要，思想政治教育话语要向通俗化、现代化的方向转变。传统思想政治教育话语普遍存在着精英式话语方式的特点，新媒体时代，这种话语方式受到了大学生的疏远，已经不适合思想政治教育的发展需要。大众话语方式更加贴近大学生的生活，具有更强的亲和力和感染力。同时，高校新媒体思想政治教育者还需要注意使用新型话语方式。现代新型话语方式是就传统思想政治教育话语方式而言，它是新媒体时代对高校思想政治教育话语方式提出的新要求。网络发展使得以马克思主义经典理论传播社会主流意识形态和引导社会认知的传统话语方式作用弱化，现代各种各样的新自媒体话语对思想政治教育主流话语权的挑战要求必须实现思想政治教育现代新型话语方式的完整构建。因此，"在以碎裂化、异质化、多元化为特质的现代社会，必须在传统的、抽象的、普遍的、纯粹意识的话语体系的基础上，构建为当代青年人接受的现代性新型话语"[1]。

二、受教育者

受教育者是教育信息的接收者，是教育信息传播的"信宿"，主要包括大多数已经成为网民的大学生个体与群体。在大学生网络教育中，受教育者的存在基础是由现实的生活方式与网络空间的发展诉求构成的。由于当代大学生所处的社会环境和成长背景的作用，高校新媒体思想政治教育过程中的受教育者表现出鲜明的特点：

（一）是**网络生存方式的天然拥护者**

当今在校的大学生绝大多数是95后，是"网络原住民"，对网络文化和网

---

[1]吴琼，纪淑云. 马克思主义大众化语境中的思想政治教育话语变革[J]. 求实，2010（10）：46.

络生活具有天然的认同感。对于95后大学生来说，他们成长在互联网环境中，他们与"网络移民"在认知及行为方式上存在一定的差异。在学习方面，大学生的课前预习、课堂学习、课后复习、课后作业等，都可以借助网络和计算机多媒体技术的帮助，老师的教学课件、参考资料都可以从网上下载，以供随时阅读学习；大学生的选课、借阅图书、结课作业、甚至是考试都可以通过计算机完成；网络还为师生交流提供了便利的通道。在日常生活方面，受教育者可以通过校园网络查询学校的各种信息，如行政办公、后勤服务、勤工助学、学术讲座、校车时刻表、停水停电等最新的校园资讯；在受教育者课余生活中，网络成为主要娱乐休闲方式，如网络交友、网络游戏、网络视频和网络新闻等。可以说，对当代大学生而言，网络生活是他们社会生活的重要组成部分，也是他们重要的学习和生活方式。

（二）具有更强的自主学习能力

在传统思想政治教育环境中，受教育者的课堂学习内容基本上都是教师事先按照教育计划制订好的，学生所学的知识大都来源于书本和老师，学生获得的知识基本上是雷同的。但在新媒体环境下，受教育者的知识来源不再仅仅局限于书本和老师，更多的则是来源于网络载体，受教育者可以便捷高速地利用网络获取需要的信息，尤其是伴随着移动互联网和无线 WiFi 的迅速普及，受教育者中使用移动端、客户端获取信息的比例越来越高，获取信息的效率也越来越高。受教育者可以充分利用各种新媒体渠道获取自己需要的信息，提高了自主学习的兴趣与能力，有助于掌握更多的课外知识，构建自己的知识体系。同时，拥有更多学习资料，可供受教育者个性化的发展。受教育者还可以通过新媒体与他人交流学习经验，开阔眼界，能够了解前沿知识和热点问题。当然，我们也要认识到，受教育者对知识的掌握并不是知识的堆积，而是经过反复加工的系统过程，从外化到内化还需要一定的时间。面对网络呈现的海量的、碎片化的信息，受教育者往往由于知识、经验、思维方式的限制，很难科学地解读所获得的知识，或对问题一知半解，很难形成系统的认识，有时甚至适得其反，产生错误的认识而不自知。网络的发展极大地促进了受教育者的自主学习能力，但同时也存在着很大的误区，需要教育者进行有效的引导。

(三)具有更强的民主自由意识

新媒体时代,信息的传播已经超越了国家和地域的限制,各个国家和地区的文化在网络上传播,为受教育者了解世界打开了方便之门。借助新媒体所搭建的双向或多向交流平台,大学生可以更直观、更方便地了解世界的各种文化,这极大地促进了受教育者的全球意识和开放意识的养成。同时,现在一些大学生热衷于接受和实践"网络民主",在揭露"涉腐、涉富、涉权"三类事件中,他们积极参与其中。在这一过程中,"网络民主"对大学生民主意识的增强提供了更多的机会和渠道。当然,我们也要清醒地意识到,网络芜杂的信息可能造成大学生非理性政治参与,网络信息的选择自主易使大学生政治参与失范,因此,要合理引导大学生的政治参与度。同时,新媒体时代文化的超时空传递使得各种文化的交流发展迸发出前所未有的活力,网络传播已经成为某些西方国家对大学生进行意识形态渗透的主要媒介,对于涉世不深、政治辨别能力不强的大学生造成极大的思想冲击,这也为我国高校当前的思想政治教育增加了难度。

三、教育内容

教育内容是由教育要求和目标决定的,是教育信息传播过程当中的"讯息"。思想政治教育的内容主要是指"根据一定的社会要求和受教育者的思想实际,经教育者选择设计后有目的、有步骤地传播给受教育者的思想意识、价值观念和道德规范等"。[1] 网络的发展,促进了教育内容不断优化,使教育内容得以发展。高校新媒体思想政治教育的内容需要不断地进行结构优化,既要保证内容要素齐备和内容要素协同,同时还要顺应时代的发展和受教育者思想特点的变化,不断进行升级。

(一)促进政治性和生活性协调发展

思想政治教育内容庞大,政治教育是其中的重要组成部分,但这并不意味着政治教育就是内容的全部。同时,由于新媒体时代基于网络信息传播的虚拟性和开放性,西方发达资本主义国家利用各种传播渠道进行意识形态渗透,国际国内环境越来越复杂,对于信息辨别能力不强、心智不成熟的大学

---

[1] 骆郁廷. 思想政治教育原理与方法[M]. 北京:高等教育出版社,2010:134.

生来讲，存在诸多问题。我国高校思想政治教育工作主要面临的任务是加强爱国主义、集体主义和社会主义教育，帮助学生树立正确的政治观、世界观、人生观、价值观，增强国家归属感和社会责任感。这是高校新媒体思想政治教育的重点，必须切实将其现实化，也是社会发展的必然要求。此外，高校新媒体思想政治教育必须高度重视政治教育的细节性问题，对"该教什么"和"如何教"这些基本问题有清晰的认识，并能够活化在具体的实践中。就"该教什么"这一问题，首先要培养大学生扎实的理论功底、高远的政治视野以及敏锐的政治观察能力，要帮助学生通过纷繁复杂的政治现象认识事件背后真正的政治动因，以此培养大学生的民族自信和爱国情怀。其次，让大学生感受到实现中华民族伟大复兴中国梦并不是空想，只要在坚持中国共产党的正确领导下，在全国各族人民的共同努力下，坚定不移地走中国特色社会主义道路，这个梦想一定会成为现实。当然，因为政治性内容具有权威和刚性的特点，如果没有生活性内容的丰富，政治性内容就会变得单调和乏味，当然也就无法受到大学生的关注，更不用说其教育作用的发挥。事实上，高校新媒体思想政治教育的内容应该是既不脱离现实生活的基础，又能保证正确的引导方向，因此，高校思政教育的内容必须坚持以政治教育为核心，在显性教育和隐性教育的双重作用下，让大学生在实际生活中逐步认识到自己的成长与国家之间的关系，真正起到"育人"的效果。对于大学生而言，政治性内容和生活性内容的融合有助于满足他们的现实诉求，也拉近了彼此之间的距离，更容易被大学生所接受。

（二）高校新媒体思想政治教育内容须以增强大学生思想道德素质为目标

高校新媒体思想政治教育的内容直接关系每一个大学生的人格塑造和品行培养，对大学生的成长成才起着至关重要的作用。网络信息传播的虚拟性、共享性等特点促进了各种社会思潮的交流、交融、交锋，各种思想观念相互交织，这极大地影响了大学生的人生观和价值观的形成和稳定。只有在社会主义核心价值观的引领下，才能真正实现思想政治教育的作用。社会主义核心价值观从国家制度层面、社会集体层面和公民个人层面为大学生思想政治教育提供了鲜明的启示。尤其应在社会主义核心价值观的引领下引入时效性强的内容，反映大学生的心声，契合他们身心发展的特点，以独特新颖的方式吸引大学生学习兴趣。

（三）内容要突出中华民族优秀传统文化

民族性内容是思想政治教育的灵魂，也是最基本的资源，任何时候都必须予以高度重视。因此，在高校新媒体思想政治教育内容设置中，对中华民族传统思想道德应坚持"取其精华，去其糟粕"的原则，立足中华优秀文化根基，深植民族文化沃土，用全新的技术传播手段书写民族自豪。特别是当前基于网络传播的虚拟性和开放性等原因，西方文化输出来势汹汹，致使有些大学生被西方意识形态渗透的表象所蒙蔽，必须采取有效措施剔除西方糟粕文化对大学生的腐蚀，激发大学生树立民族文化自信心。当然，在进一步加强中华民族优秀传统文化内容的基础上，也应该科学合理地借鉴和吸收世界其他民族优秀的教育文化资源。毕竟在世界联系日益紧密的今天，高校新媒体思想政治教育如果脱离世界文化融合显然是不可能的。网络时代的大学生思想政治教育是面向世界的，教育的内容必须有国际化视野和国际化场域，只有如此，才能广泛地吸收人类优秀的文明成果。当然在这个过程要注意剔除那些与社会主义主流价值观相悖的内容，减少其对大学生的思想观念造成不利影响，要"讲好中国故事"，弘扬正能量。

（四）高校新媒体思想政治教育要加强人文精神的培养

马克思主义的本质和核心就在于促进人的自由而全面的发展。网络信息时代，大学生被海量的信息所包围，尤其是"碎片化"信息的大量呈现将大学生带入了一个包罗万象的庞杂信息世界，长此以往将导致人文精神淡化。这就要求高校在对大学生进行科学理论知识教育的同时也要注重人文精神的培养。科学是反映自然、社会和思维的内在联系的认知体系，可以帮助大学生透过纷繁复杂的表象而看清问题的本质。人文知识教育可以最大限度地调动人们的积极性、创造性，协调人与人之间的关系，提高人们认识世界改造世界的能力。高校新媒体思想政治教育加强人文性内容，一方面可以增强大学生的文化底蕴和素养，另一方面有利于大学生人文素质的培养，强化大学生综合素质。

高校新媒体思想政治教育就是教育大学生"如何做人""如何做事"，就是帮助大学生学会如何处理与周边的关系，因此，内容要做到贴近现实、贴近生活、贴近大学生，从而发挥其强大的号召力和感染力。

四、教育载体

所谓"载体"主要是指教育信息的传播渠道、手段或工具，也就是网络信息传播中的"媒介"，是教育者为实现教育目标所运用的，能负载和传递教育内容，能连接教育者和受教者并使二者产生相互作用的活动形式或物质实体。高校新媒体思想政治教育载体主要是指教育者为实现教育目标、传播教育内容时所采用的各种教育方法和教育手段的总和。可见，思想政治教育的载体：首先，必须是一种物质性的手段或工具。新媒体时代的来临，思想政治教育的载体愈加丰富和多样，教育者需要通过这些物质性的手段和工具将教育内容及时、高效地传递给教育对象。其次，必须承载思想政治教育的目的、任务、原则、内容等信息，能为思想政治教育者所操控。最后，必须是主体联系客体的一种形式，并且主客体通过这一媒介进行交流互动。思想政治教育过程表现为教育者与受教育者之间在沟通的基础上进行交流互动的过程，并通过教育载体得以进行。当然，教育载体既可以是某种实体范畴，也可以是某种活动，就高校新媒体思想政治教育而言，由于教育信息主要是由互联网来承载和传递的，因而其载体通常被笼统地称为"新媒体"。

随着网络技术的不断发展，大学生思想政治教育的载体出现了明显的变化，由过去主要依赖传统载体发展为基于网络的新媒体进行教育。传统载体也就是大众传播媒介，在高校主要表现为宣传栏、校报、校园广播等，是高校传递正能量、主导校园舆论的重要手段。传统思想政治教育中的这些传播载体具有很好的"把关"功能，但随着新媒体的兴起，开始逐渐淡出大学生的视野，从而降低了思想政治教育的实效性。与之相反，新媒体以其传播范围广、信息容量大、传播速度快等特点迅速占领了大学生市场，对大学生的日常生活、行为方式产生广泛而深远的影响。对当代大学生而言，他们主要是通过新媒体来获得对外部世界的认知。当然，网络载体进入思想政治教育领域并不是完美无缺的，它同样存在诸多问题，比如如何最大化发挥新媒体的技术优势，如何规避新媒体带来的诸多风险，如何树立对新媒体的正确认识。这些都是高校思想政治教育工作者需要认真思考的问题。网络资源非常丰富，若能够多层次、多角度、多方面地挖掘网络载体巨大的思想政治教育价值，那么对于思想政治教育内容的拓展和实效性的提升作用也就更加明显。当然，这需要从教育者和受教育者两个群体着手，强化二者对网络资源巨大潜力的认识，并且能够切实将新媒体运用到思想政治教育的发展实践中去，更好地为大学生的成长成才服务。

网络信息的传播以其独特的信息传播优势为丰富思想政治教育内容、增加传播渠道以及强化主客体参与程度提供了有利条件。在这个高度开放的空间内，各种各样的信息以易于获取的方式进入人们的视野，为人们的生活、学习和工作创造了巨大的便利，更是以其巨大的信息共享优势占领了广大的大学生市场。载体的资源共享性使得人与人之间的距离大大缩小，尤其是思想政治教育者与受教育者之间那种原有的地位关系发生了很大的变化。同时，随着新媒体技术的发展，大学生各种需求的表达渠道增加了，他们越来越多地参与政治思想教育的信息传播过程中，同时，信息承载方式的平等互动性可以调动大学生积极展现自我，凸显个性化教育的优势，也拓宽了师生之间交流的渠道。此外，传播内容的复杂性、传播渠道的多样化及传播方式的互动性，极大地促进了教育载体日益多样化，再加上网络所特有的高度集成性等特征，为新时期高校思想政治教育的发展开辟了广阔的发展空间。在高校新媒体思想政治教育中，教育者要抓住新媒体为思想政治教育创造的机遇，通过网络技术手段创造出更多受大学生欢迎的形式，赢得大学生群体的关注。比如在校园网站上建立一些与学生互动性强的栏目，或通过一些图片、视频的展示，使大学生在享受视觉盛宴的同时，从深层感受大学的教育理念和精神内涵，通过网络载体手段促进大学生健康成长。

第二节 高校新媒体思政教育的运行环节

对于高校新媒体思想政治教育的内在机理，可以通过分析其各个要素之间的相互活动来考察。所谓思想政治教育过程的运行可以理解为各个要素按照运行的原则和规律，围绕解决各级矛盾而展开的教育过程，而这个教育过程可以依据视野的不同层次划分为不同的环节。大多数研究者在研究思想政治教育环节时，更多的是从受教育者思想政治素质的形成过程角度来划分的，如学术界比较公认的"三环节论",即"思想政治教育过程的运行,主要是指思想政治教育的施教和受教过程,具体包括思想政治教育活动的准备、思想政治教育活动的开展、思想政治教育活动效果的强化等环节"①。后又在"三环节论"的基础上进一步对教育过程中各要素的组织过程进行划分,提出了"四环节论",即"社会要求主体化、教育要求内化、思想认识外化、效果评估和反馈调整"四大环节。高校新媒体思想政治教育过程在本质上同样是教育者与受教育之间的双向互动过程,是施教统一的过程,只是具体的教育环境和教育载体发生了变化。因此,我们根据教育者与教育对象的作用发挥势位,可以将高校新媒体思想政治教育的过程划分为四个环节:协调准备环节、教育实施环节、评估反馈环节、更新提高环节。

一、协调准备环节

思想政治教育是人类思想意识领域的活动,具有明确的目的性和计划性。只有在明确了具体的问题和目标的基础上,思想政治教育的活动才能真正发挥作用。当然,随着互联网时代的来临,具体情况瞬息万变,要想更好地应对在教育实践过程当中可能发生的一系列问题,就必须在教育的前期做好教育的协调准备工作。因此,我们可以把这个环节称为"铺垫环节",主要是为了未来更好地实施教育活动,为了达到更强的教育效果,事先对相关问题所打下的基础。根据不同的工作重点和要求,可以把这个环节划分为以下几个步骤:

(一)确立教育目标

目标是发展和前进的方向,人类的一切社会活动都是为了实现预定目标,并促使人类在不断地实现预期目标的实践过程中逐步发展和完善。因此,一切的教育活动都必须在正确的教育目标指引下实施。教育目标的制定是教育者要求和受教育者现状之间的博弈,是二者融合的结果。具体而言就是用中国特色社会主义理论武装当代大学生的头脑,以进行理想信念教育为核心,在这个总的教育目标的指引下,又可以根据具体受教育者的情况划分为若干个小的教育目标。在制定具体目标时,一定要突出"以学生为本"的原则。当

---

① 张耀灿,郑永廷,吴潜涛,骆郁廷.现代思想政治教育学[M].北京:人民出版社,2006:347.

今时代的大学生主要为95后,是网络生态的"原住民",他们的学习和思维方式与之前的大学生存在着巨大的差异,教育目标的制定必须符合当代大学生的实际情况。具体来说,由于受教育者具体情况不同,在制定具体教育目标时要体现差异性。

（二）教育信息资料的收集、整理和分析

在制定了明确、合理的教育目标的基础上,就可以通过网络对教育实施阶段所需要的教育信息资料进行收集和整理、分析了。这个环节当中需要完成的任务主要有三点:其一,教育者要不断提高自身的网络信息素质能力,要了解网络文化,熟悉网络规则,为未来教育活动的开展做好充分的技术准备。其二,利用网络检索功能,收集教育信息和资源。与传统的教育信息相比,网络平台为教育资料的获取创造了极大的便利,网上的海量教育信息为教育者提供了丰富的教育素材。同时,教育者也可以通过对网上信息的搜索,获取受教育者的具体情况,比如可以通过网络问卷调查等方式了解大学生对某一问题的倾向,为未来有针对性地实施教育做好准备。其三,在获取了海量的教育资料信息的基础上,进一步对其进行分析和选择。传统思想政治教育在教育资料的选择上过于"高大上",并没有真正实现"接地气",这样的教育内容与学生的实际生活过于遥远,不能让学生从心底产生亲切感,相应的在教育实施阶段的学习意愿不强,影响教育的实际效果。因此,高校新媒体思想政治教育在挑选教育资料时,要注意选择贴近学生实际、贴近学生生活的内容,要密切关注大学生感兴趣的热点和焦点问题,了解当代大学生的所思、所想和所需。

（三）制订教育具体实施方案

在明确了教育的目标,积累了丰富的教育素材的基础上,就可以制订具体的教育实施方案了,也就是明确如何将有用的教育信息传递给受教育者,并使其内化于心,收到良好的教育效果。在制订教育方案的过程当中要注意以下几个问题:其一,要注意方案的合理性。这里所谓的合理性主要是指:一方面,方案要反映思想政治教育的价值引导功能;另一方面,能引起受教育者的学习兴趣。网络信息纷繁复杂,多样文化激烈交锋,进行主流意识形态教育,怎么才能更加吸引受教育者,特别是吸引当前在校的95后大学生的关注和学习，这就需要教育者巧妙设计教育环节，广泛运用新媒体，以喜闻乐见的方式不断引导和启发大学生理解和思考，最终达到教育的效果。其二，运用新媒体手段，不断创新教育模式。新媒体的发展为教育者提供了一个宽广的平台，针对不同新媒体，可以因势利导，选择最优的教育方案。

二、教育实施环节

教育实施环节，也就是教育者将教育信息完整地传递给受教育者的过程，是教育者借助教育载体与受教育者进行互动来完成的，这一环节实施得是否顺利将直接影响最终的教育效果。在这一环节主要是通过以下三个步骤具体实施的：

（一）互动关系的确立

在网络空间中，教育者和教育对象的范围扩大了，与传统思想政治教育相比，网络教育工作者更加平等化和生活化，和受教育者之间处于较为平等的地位。因此，教育者与受教育者关系的确立显然摆脱了现实环境的束缚，变得更加的平等和自由。网络信息传播具有双向性、互动性，保证了教育者和受教育者之间的交互渠道畅通，改变了教育者与受教育者之间以往的交往方式，通常以多媒体终端为载体，采用人机对话的方式，双方的年龄、性别、职务等影响因素都刻意地"隐藏"起来，这更加有利于教育双方的平等交流。在这种结构中，双方在遵循共同的网络规则的前提下探讨、交流和对话，建立一种平等的相互支持关系，从而促进教育的顺利开展。由于这种关系建立在网络虚拟世界中，具有更高的自由度，这也造成了教育者与受教育者交互关系的建立具有更高的选择性和随意性。因此，教育者在实施教育时必须要以增强自身吸引力为前提，巩固已经建立起来的教育关系，同时增强对其他受教育者的影响力和吸引力。甚至在具体的教育过程当中，为了进一步巩固已经建立起来的教育关系，可以通过网上与网下相结合的方式，从"键对键"发展到"面对面"的教育。

（二）教育信息的传递

互动关系确立之后，教育者就可以根据大学生的需求向其传递教育信息。传统教育模式下，大学生对信息的获取更多是被动式的，他们的自主性受到压抑，话语表达的渠道少之又少，信息反馈机制不完善。与传统教育模式相比，网络教育信息传播是互动的，为信息的传播者和接收者之间的信息交流提供了方便。因此，在教育过程中教育者要把握教育信息的方式和内容，及时把握网络话语引导的主动权，利用思想政治教育话语权利，放大正能量的生存空间，制止负面话语的扩散。同时，在进行信息交流时，要注意使用现代化新型话语方式。教育者要把握网络传播过程当中的思想政治教育信息表达的方式，善于从网络话语中开发出适合社会发展要求、促进思想政治教育信息传播效果的新话语。网络表达方式具有极大的善变性和不确定性，为此教育者必须坚持思想政治教育网络话语的与时俱进，才能使得教育信息更好地契合大学生的话语表达诉求。这就要求教育者把握时代发展主旋律和网络话语的变化规律，善于从大学生的现实生活世界和网络虚拟世界汲取体现时代特征和大学生群体特点的新鲜话语。此外，选择教育信息传播载体时，要注意保证载体内容与形式和谐一致。只有实现了高校新媒体思想政治教育载体内容与形式的协调发展，才能更好地提高教育信息的传播效果。当前大学生网络思想政治教育过程中，存在的问题主要是两个方面：一方面是在信息传递过程当中重内容轻形式，即在对于新媒体的运用中，侧重于关注教育信息的选择，对与之匹配的新媒体形式并没有给予特别的关注；另一方面是重形式轻内容，即将信息传播的载体作为主要选择目标，而对所传递的教育信息的选择被边缘化。因此，在教育信息的传递过程当中，要注重载体选择和信息内容的协调发展。

（三）受教育者接受教育信息

大学生对收到的教育信息并非会不加选择地全盘接受，而是对信息进行浏览、筛选和接受，主动寻找自己所需要的内容，这体现了受教育者拥有更大的自主权和能动性。具体而言，教育信息的选择性接受包括三大步骤：筛选、内化、外化。所谓筛选，即大学生按照自身需求、兴趣以及已有认识结构等主客观条件，对教育者发布与推送的教育信息进行过滤和选择，并将符合条件的信息纳入认识范围的过程。所谓内化，即大学生在对教育信息进行价值选择后，将自己认同的思想、观点和自己原有的观点、信念结合在一起，形成新的知识体系，成为自己认识的一部分。所谓外化，即大学生将内化的知识观点，表现在自己的行为上。在这种模式下，大学生的自主性被大大地调动起来，通过对教育信息的选择接受，最终实现教育的"内化"和"外化"。大学生对教育信息的吸收过程离不开之前的认知水平、经验结构和思维方式，网络教育工作者应不断对大学生网民进行启发、鼓励和引导，培育大学生网民科学的思维方法，提升其对价值观念的理性辨别能力，让其在实践活动中尽可能多地获取相应的经验，从而缩短认知加工的接受过程，提升接受效率，强化高校新媒体思想政治教育的实际效果。

三、评估反馈环节

所谓思想政治教育的评估是指，"依据高校思想政治教育的目的要求，把握科学的评价原则，按照一定的标准和指标体系，采用适当的手段和方法，通过系统搜集资料和信息，对高校思想政治教育活动过程及其效果所进行的价值判断"。[①] 而反馈主要是把最终的评估信息结果传递回教育者，为教育者制订下一步的教育计划和进一步提高教育质量提供参考。传统评估主要依托教育主管部门，由学校、教育行政部门、社会评估机构等主体构成，一般来说评估形式比较单一、容易受到客观因素的干扰而影响最终评估结果的真实可靠性。新媒体因其具有的开放性和交互性等特征，打破了传统教育评估的区域限制，能够调动起社会各个层次的成员参与。此外，随着网络数字化处理技术的不断发展和应用，评估者通过网络调查、传输各种数据，可以在短时间内得到数以万计的分析数据，这使得高校新媒体思想政治教育评估的效率更高。此外，由于信息技术的普及，高校新媒体思想政治教育评估者可以运用数字技术，足不出户就完成数据的收集、整理和分析，为评估者提供一个更加方便的环境，增强评估者参与的积极性。

根据评估的阶段和作用的不同，评估又可以分为过程性评估和总结性评估。过程性评估主要在思想政治教育过程中进行，其目的在于了解思想政治教育实施过程中的效果，及时发现教育过程中存在的问题和缺陷，为下一步的教育活动提供建议和参考。总结性评估是指在教育活动完成后对教育的效果进行评估判断，其侧重点在于对教育效果的检验。在高校新媒体思想政治教育的评估中应该将这两种评估方式结合起来。一方面，可以通过过程性评

---

① 张耀灿，郑永延，吴潜涛，骆郁廷. 现代思想政治教育学[M]. 北京：人民出版社，2006：482.

估了解高校新媒体思想政治教育的进展情况,可以视其为一种"嵌入式"的评估,是在施教和受教活动开展期间以几乎同步方式进行的教育评估,具有一定的连续性,具备较高的评估即时性、平等性、参与性、全面性、准确性。另一方面,对高校新媒体思想政治教育进行总结性评估可以对教育的计划、方案的实施效果进行评估,为未来改善思想政治教育活动提供依据。在具体的教育实践过程当中,要把过程性评估与总结性评估有效地结合起来,不断地对高校新媒体思想政治教育的全过程进行动态追踪,及时掌握教育活动的进展情况,依据评估结果改善教育工作。

在坚持过程性评估和结果性评估相结合的基础上,还要注意评估的科学准确性。传统思想政治教育评估中,常常由于主观或人为等因素造成最终的评估结果出现偏差。在对高校新媒体思想政治教育工作进行评估时,既要从整体上理解和把握高校新媒体思想政治教育工作的本质属性,要注意评估的整体性和系统性,同时又要从微观上对具体评估指标进行考察,以免将重要的指标遗漏。要进行多角度、多层次的评估,通过获得真实的统计数据,全面对高校新媒体思政教育工作进行评估与分析。当然,在确保评估的科学性的前提下,还应注重评估的可操作性,在设计各种评估指标时要避免过度抽象和烦琐,以免造成评估人由于缺乏耐心等因素终止评估行为或评估数据不准确。

四、调整提升环节

高校新媒体思想政治教育的运行过程并不是一个封闭的体系,而是一个开放的、不断更新发展的动态过程。高校新媒体思想政治教育工作者通过评估反馈环节所得到的数据,可以对教育过程中存在的问题和缺陷进行调整和更新,不断提高教育的能力和效果。更新调整是高校新媒体思想政治教育评估与反馈的直接目的。教育者将前一环节所反馈的数据作为基础,对教育过程中的必要环节进行修正,促进教育过程的动态提升。具体来说,更新调整环节就是对影响、阻碍教育效果发挥的各个教育要素和环节进行综合调整,从而实现教育效果的最大化。高校新媒体思想政治教育的更新调整环节,主要包括以下两方面:一方面,对评估反馈信息进行总结和分析,确定调整目标。对反馈结果要进行进一步的总结和分析,剔除反馈结果中明显与现实情况不符的结果，在分析的基础上提出调整意见，确定调整目标。另一方面，根据最新的意见和目标对教育过程当中的具体因素进行调整，不断对教育过程进行更新与强化，提高教育性能。在具体的更新调整过程当中，我们需要注意以下两点：其一，对于评估反馈结果比较理想的教育因素，要通过适当的手段不断进行强化，不断进行巩固。其二，对于在评估反馈中存在问题的教育因素，要不断吸取教训、矫正偏差、缓和矛盾。通过外部调整和内部调整两种手段进行调整。当调整后取得一定效果时，应适当加强，扩大教育效果；当再次出现问题时，则需要再次进行调整。通过这个循环反复的过程，不断对高校新媒体思想政治教育的各个环节进行更新，促进整个运行体系良性发展。当然，我们在更新调整时，要注意调整的灵活性，要注意调整的时机和方法，恰到好处地处理教育运行过程当中存在的问题。在调整过程当中要注意把握更新调整的尺度，既不能调整过头，损害原有教育功能的发挥，也不能太过保守，无法实现调整的效果。同时，由于高校新媒体思想政治教育过程是一个动态发展的过程，在调整时既要考虑客观因素，也要兼顾主观因素。此外，高校新媒体思想政治教育过程是一个完整的运行体系，要注意协调好各个教育要素之间的关系，从而保证调整更新的全面性和协调性。

第六章

高校新媒体思政教育的实现路径

第六章　高校新媒体思政教育的实现路径

高校新媒体思想政治教育的实现路径，也可以理解为高校新媒体思想政治教育中主要的实践途径。本章从大学生思想政治教育在线课堂、大学生思想政治教育主题网站和大学生思想政治教育微媒体三个方面进行探讨。

第一节　开设高校思政在线课堂

我们可以把高校新媒体思想政治教育在线课堂简单地理解为利用新媒体的手段进行思想政治教育的传播，但要想深入分析和理解就需要对其内涵进行探究。大学生思想政治教育通过对大学生受众思想观念上的灌输和引导，使大学生的行为符合社会主义发展的要求，形成符合社会主义主流意识形态的正确思想观点和行为。"在线课堂是在互联网上构建一个实时在线交互系统，利用网络在两个或多个地点的用户之间实时传送视频、声音、图像的通信工具。进行课堂交流的用户可通过系统发表文字、进行语音会话、观看视频图像，并能将文件、图纸等实物以电子版形式显示在白板上，参与交流的人员可同时注释白板并共享白板内容，效果与现场开设的课堂一样。"[①]在线课堂作为一种新型的教育模式，将网络与课堂教育有机地结合起来，打破了时间和空间的束缚，使教育教学实践变得更加方便和快捷。大学生思想政治

[①]周婷，王清．利用在线课堂实现校际协同教育——以繁昌县在线课堂为例[J]．中小学电教，2014(7)．

教育在线课堂通过新媒体手段，扩大和丰富了思想政治教育的传播领域和传播方式，是网络与教育结合的新产物。它改变了传统大学生思想政治教育主要以"灌输教育"为主的模式，通过生动活泼的案例、影视、音乐、图片等媒介形式，有计划、有目的、潜移默化地将正确的思想观念传递给大学生。这种方式突破了时间和空间的局限，以一种更加平等、便捷的方式让大学生自主选择，极大地推动了资源的共享和教育的公平。

一、思想政治教育在线课堂的特征

思想政治教育在线课堂是建立在新媒体技术推广基础上的新型的教育模式，因此，具有独特性：首先，摆脱时空束缚，传播更加广泛。与传统的思想政治课堂教育相对比，思想政治在线教育把大学生从教室中解放出来，可以实现随时随地地交流与学习，并提供多人多次点击学习，极大地提高了学习的便捷性，降低了教育的成本。同时，大学生思想政治在线教育模式，使教育的内容更加丰富，形式更加多样，其覆盖的群体远远超过传统思想政治教育，从而更有利于思想文化建设，提升人们道德素质。其次，实现了资源共享，形式更加丰富。大学生思想政治教育在线课堂打破了高校领域的"藩篱"，为更多有才华的教育者提供了施展的平台，这些各具特色和魅力的教育者的加入，焕发了思想政治教育的勃勃生机，同时也增强了对大学生的吸引力，通过借助网络的快速传播以及资源共享等特点引发社会群体效应，吸引更多的人加入其中，更有利于提高教育的影响力和号召力。再次，节省人力物力，降低教育成本。资源的共享性和信息传播的快捷性是新媒体思想政治教育传播的最大优势。在线网络思想政治教育真正充分利用了这一传播优势，拓宽了传播领域，丰富了传播的方式。从传播的内容上来看，大学生在线思想政治教育课堂打破了传统课堂存在的单一、乏味等局限，通过网络视频、动画、图片等形式，使大学生思想政治教育活动变得更加具有娱乐性和感染力，满足了不同学习者的需要。在线教育打破了传统教育时间和空间的束缚，改变了传统教育中固定的教材、固定的教师、固定的教室、固定的授课时间、固定的上课人数等传统思维定式，实现了教育时间、空间、内容的自由衔接，不但有利于大学生自由安排学习时间，还可以最大限度地节省人力、物力、财力等成本，而且课程学习资料可以自由下载保存，有利于知识的回顾与更新，极大地节省了教育的成本。最后，体现个性需求，增强学习的自主性。大学生个体的情况可以说是千差万别的，每个学习者的学习能力和接受程度不同，在新媒体课程学习过程当中，大学生可以通过选择快进、暂停、重复播放等平台功能自主地安排学习进度，根据自身情况安排学习内容，有利于满足多样化要求。此外，网络在线学习内容的安排，更加侧重于满足学生的实际需要和诉求，把以教育者为主导变为以学生为主导，充分调动学生的学习兴趣和积极性，其讲授的内容更容易被大学生所接受。

二、思想政治教育在线课堂的实现形式

新媒体技术与教育的深度融合催生了更加现代化的教育手段，实现了教育手段的多样化，在近几年的实践运用过程当中，网络视频公开课和慕课的形式受到学习者的普遍欢迎。

（一）网络视频公开课

网络视频公开课最早产生于西方一些著名的高等学府当中，比如美国的哈佛大学和英国的剑桥大学，这些高校将一些比较受欢迎的教授的授课视频公开发布到网络平台，供所有学习者自行下载学习。这些视频中讲授者具有强烈的个人风格，教育者采用推理、辩论、质疑、解惑等方式，深入浅出地将一些深奥的理论问题讲解得简单明了，这种授课方式一经推出就受到各国学习者的热烈追捧，产生了广泛和深远的社会影响力。高校思想政治教育工作者正是关注到大学生对这种学习形式的热情和渴望，于是开始尝试通过网络视频公开课的形式进行宣传和推广。由于思想政治教育网络视频公开课是将传统课堂教育与新媒体在线教育有机结合的全新教育形式，因此在具体的实践过程当中需要注意以下几个问题：

首先，高校应为大学生搭建一个绿色、健康的新媒体学习平台。许多学习平台，在利润的驱使下会在平台设置中增加很多不必要的环节，这无形当中干扰了网络学习者的注意力。高校在打造自己的学习平台时，应着重打造一个绿色、无污染的在线学习平台，避免社会平台中一些不良因素的干扰，加强学习的效果。同时，学校还应提供师生之间、同学之间的学习交流平台，授课教师可以通过网络平台布置学习任务和测试学习状况，通过探讨、辩论、答疑等方式解决疑难问题，完成相关课程的学习并获得更多的知识。

其次，授课者在进行课程安排时，要注意授课细节，突出实用性。并不是所有的课程内容都适合建设成网络视频公开课，所以教育者在进行课程设计的时候，必须根据课程内容的特点，使每门网络视频公开课具有独特风格。大学生思想政治教育课程的相关网络视频公开课在选择内容和案例的时候必须贴近学生的生活，充分考虑到当代大学生的学习特点，要基于教材又不拘泥于教材，选取社会主义核心价值观等课程重点。在课程设计时要摒弃传统课堂授课中所采用的"你听我说，你教我学"的课程模式，要注重授课者与大学生之间的交流与互动，抓住大学生的兴趣点，采用日常化、幽默风趣的语言和翔实的案例，营造出一种生动活泼的课堂氛围，增加大学生自主学习的热情和能力。

再次，授课教师要注意提升自身的讲授水平和人格魅力，成为真正受大学生欢迎的"良师"和"益友"。教师应具有丰富的学识，要转变教学理念，变"灌输"为"引导"。对网络视频公开课而言，切入的角度比理论的深度更加重要，一个好的角度可以切实地提高受大学生的知识面和科学素养。这就要求教授者必须具有良好的学识修养，在讲解过程当中能够结合时事热点深入浅出、多维度、多视角地进行解析，避免传统"答案式"的教学方式。授课者的穿着应本着舒适、轻松的原则，避免以往录制网络课程时较为模式化的服饰，在语言上应随着自己的讲解适时调整音调、音量大小，动作和表情也应随着讲解相应变化，当然这并不是要求课程中要有表演的性质，而是当教育者选取了适当的内容和表现形式时也应当有着某种自身的理解和情感的共鸣。授课者应注重大学生的思维培养和教育拓展，要有意识地加强师生互动交流，并充分考虑到大学生的思维特性，运用大学生喜闻乐见的典型案例或展示方式，通过对教育情境和教育流程的精心设计，引导大学生积极交流探讨，让大学生融入其中、参与其中，使大学生成为课堂的主人。

从次，整合教育资源、组建优秀团队。网络视频课程的质量直接决定了该课程能否实现既定的教育效果，这就要求对网络视频公开课的质量做到严格把关。

大学生网络视频公开课的制作环节繁复，需要团队成员通力配合，共同努力。从网络课程制作前期来讲，主讲教师在授课之前，需要助理教师做好前期的大量教学资源的搜集、课程选题、课程内容和流程设计等工作。在后期录制过程当中，还需协调摄影团队进行时间的安排，录制完成的后期制作等一系列工作也必不可少。在整个制作过程当中的任何一个环节和流程出现问题，都会影响最终网络公开课的品质。因此，要想制作优秀的网络视频公开课作品，就要首先组织一支优秀的建设团队，不断吸纳相关行业中优秀的教育专家和工作人员，通过大家的共同努力和通力配合，不断提高思想政治教育网络视频公开课的制作能力，这样才能吸引更多大学生学习和关注，增加社会影响力。

最后，当优秀的思想政治教育网络视频公开课作品制作成功后，各个高校和社会组织还需要加大宣传力度，以吸引更多关注。高校之间还应该实现优秀作品共享，争取网络课程效益最大化。高校可以使用各种宣传途径进行推广，如利用校园广播、校园网、微信公众号等手段，让更多有需要的大学生了解并参与。同时，课程制作者也应不断完善和更新授课内容，加强与学习者之间的交流和互动，真正让课程"活"起来。此外，学习者在学习过程当中，有不懂的问题和困惑的时候，应有良好的答疑解惑渠道，真正解决大学生在学习过程当中存在的问题，免除不必要的后顾之忧。当社会环境和大学生自身情况发生变化时，课程制作者要及时调整授课内容和授课进度，切实做到"以受教育者为本"。

在思想政治教育网络视频公开课的实践推广过程当中，我们可以有效地将传统课堂教学和网络视频教学结合起来，最大限度地实现教育效益的最大化。鉴于高校的实际教学环境，可以将网络视频公开课的形式更多地用于基础课程的前期预习和后期的巩固交流环节，这样一方面可以加深大学生对于问题的认识深度和广度，另一方面可以促进大学生的学习兴趣和学习自主性，更加有利于学生综合素质的培养。传统课堂教育和网络视频公开课的有机结合，还可增强师生之间的沟通和互动，有助于大学生对重点问题的理解和应用，增强教育的针对性。

（二）慕课

慕课（MOOC），英文译为 Massive Open Online Course，中文可以翻译为大规模的在线开放课程。"慕课是最近涌现出来的一种在线课程，它发端于过去的那种发布资源、学习管理系统以及将学习管理系统与更多的开放网络资源综合起来的旧的课程开发模式。"①慕课是课程教育与网络相结合的全新授课模式,将大学生思想政治教育与慕课相结合,能更有效地加强大学生思想政治教育的效果,但同时,对在线课程的制作要求也提出了更高的标准。

首先,对慕课课程的设计和制作提出更高的标准和要求。一方面,要加强慕课设计的巧妙性。将慕课运用于大学生思想政治教育主要是为了更好地对大学生进行正确观念的引导和知识的传播。因此,教授者在授课内容的选择上一定要注意突出课程的主题,同时,还要根据大学生的兴趣点进行适当的延伸和扩展。内容选择最好能具有较强的引导意义,如可选择关于社会主义核心价值观、社会精神文明建设、中华民族优秀传统文化等方面的内容。教授者在授课时要尽量通俗易懂、深入浅出,同时发挥个人的风格魅力,吸引学习者的关注。在慕课的时间安排方面尽量不要太长,一般控制在十五分钟之内,这样更有利于突出课程的重点内容,有利于学习者消化吸收。课程安排顺序最好层层递进,逐步加深大学生对于问题的理解。当然,授课的地点也并非必须拘泥于教室当中,授课者可以根据所讲授的知识内容自由选择授课场景,甚至可以采用在讲解中穿插表演的教学形式,增加教育内容的直观性。另一方面,要提高慕课视频的制作水平。慕课视频是慕课的主要手段,其质量的好坏在很大程度上会影响大学生获取知识的程度以及课程的进一步推广,所以,要切实提高慕课视频的制作水准。在制作过程当中,要采用更加先进和专业的视频拍摄工具,确保慕课视频画质的清晰度,通过更加先进的手段将慕课视频完美地呈现在学习者面前。在视频的画面处理和剪辑过程当中,能够根据授课情况的要求有序地插入相应的图片资料,在注意画面之间的连贯性的同时,还要注意突出授课主题。在视频拍摄的场景和道具方面,要注意尽量清雅、舒适,避免太多干扰因素的授课场景,这样可以通过环境色彩的搭配为大学生营造一种安静、祥和的学习氛围,增强其学习的注意力,避免因其他因素的干扰而影响学习的效果。慕课视频的后期处理过程当中还可以增加一些其他元素,比如通过插入与授课者同步的字幕提示,促进大学

---

①夏平菊.关于大规模网络开发课程MOOC"慕课"的思考[J].教育界,2013(25).

生加深印象；或通过插入一些图片和声音，使大学生产生一种更加直观的认识，对知识的理解也就更加具体。此外，讲授者与视频拍摄者前期一定要进行充分的沟通，这样拍摄者才能根据讲授的需要对镜头进行合理的切换，拍出来的慕课视频才能符合设计者的设计要求。总之，一部优秀的慕课作品是一个团队共同努力的成果，凝结着所有课程制作参与者的心血和汗水。

其次，高校思想政治教育工作者要紧跟时代发展的需要，及时对慕课内容和设置进行调整。大学生思想政治教育慕课视频的受众主要以在校大学生为主，所以慕课视频制作者应根据大学生的具体特点进行设计，注重循序渐进地教育和引导，在保证授课知识的准确性的同时，还要加强对多方面知识的更新和补充。每个课程讲授者都有自己的授课风格，讲授者应该根据自身的具体情况，选择适合自己的语言和肢体表达，通过人格魅力增强对大学生学习的吸引力。此外，还要注意对知识内容进行适当的扩展和补充，增强大学生学习的深度和广度。从慕课的环节和流程设计来看，虽然它是以网络视频作为传播的手段，但仍是对传统课堂的一种延伸，因此也就具备了传统授课当中的作业布置、解惑答疑、测试考核等环节，学习者只有在完成了上一环节和流程的基础上才能开始下一个阶段的学习。因此，课程设计者在进行阶段设计上一定要遵循循序渐进的原则，引导学习者有序地收看和学习。同时，要为慕课学习者提供与授课者沟通的有效渠道，当学习中出现问题时能够和教育者进行及时、充分的交流和沟通，教授者可以在交流的过程当中总结和发现具有代表性的问题，并有针对性地进行解答。此外，我们还需要警惕慕课视频传播中的一些不良现象。在高校慕课视频的推广过程当中，一定要禁止商业化运作，保证绿色无污染的学习环境，严格对慕课平台的监管工作。

最后，高校要不断扩大慕课影响力和社会认可度，吸引更多的大学生学习。慕课作为一种新生事物，社会上许多人对它还不是特别了解，甚至高校对慕课的重视度还远远不够，对其更多的是采取观望的态度，并没有积极主动地加入慕课教学的大军中。同时，由于当前大多数慕课学习还无法进行证书的授予，这在很大程度上也打击了慕课学习者的学习积极性。因此，高校和教育主管部门应加大对慕课的宣传力度，让更多的人了解并接受慕课这种新型的学习方式，并对慕课学习者予以充分的肯定，吸引更多的学习者加入。同时高校在慕课课程设置时也要考虑不同学习者的需求。我们应该看到，有些慕课课程的学习者进行学习的目的更多的是出于个人兴趣或为了扩充自身的知识结构，这些学习者对最终是否会取得社会认可的相关证书并不重视。相反，还有一些慕课课程学习者的学习目的性很强，就是为了通过学习获得相应的专业学习知识，并通过不断完成慕课课程的相应考核最终能够拿到社会认可的学习证书。对于以上两种不同诉求的学习者，高校应该对慕课课程设置进行区别对待，准备两种类型的慕课课程，一类是专门针对非专业背景的思想政治教育科普类的慕课课程，另一类是专门针对具有一定的专业背景知识的学术类慕课课程。慕课课程学习者可以根据自身的需要自由地选择学习慕课课程。

第二节　建设高校思政教育主题网站

大学生思想政治教育主题网站也可称为"红色网站"，我们可以将其理解为，高校基于人力资源优势和信息优势，旨在为了更好地从思想、道德、行为等方面引导大学生的网站类型。"我们可以认为，大学生思想政治教育主题网站是指思想政治教育工作者在以社会伦理道德为内在标尺，遵守网络相关法律规则的基础上，通过特定的网络媒介进行后台管理、多样化建设和思想政治教育信息的精心筛选、编辑和扩散，对大学生网民施加一种潜移默化、循序渐进的灌输影响，进而实现用形式灵活多样、理论严谨科学的新颖网络资源培养大学生受众的思想观念、爱国情感、心理素养、法律观念、道德规范和信息素养，号召广大社会群体时刻关注自己的一言一行，使自己的思想与实践符合社会主义核心价值观的要求，努力实现中华民族的伟大复兴的中国梦。"[1]截至2010年年底，全国红色网站的数量将近有300个，其中具有较大社会影响力的网站有：湖南师范大学的"星网"、广西师范大学的"红水河"、湘潭大学的"三翼校园"等，这些"红色网站"将思想性、教育性、娱乐

---

[1] 唐亚阳. 网络思想政治教育学[M]. 北京：人民出版社，2016：219.

性、服务性综合于一身,通过形式多样的内容和鲜明的网站特色,一经推出就得到了大学生网民的广泛好评。

一、技术指标和要求

(一)大学生思想政治教育主题网站设计特点

在大学生思想政治教育主题网站中使用站点设计技术,会使站点设计更加精良,更有吸引力。大学生思想政治教育主题网站在设计上需要注意以下几点:

其一,网站的设计风格要具有统一性。网页设计风格的一致性有助于网站访问者阅读和思考,也有利于对网站内容产生思想上的共鸣。风格一致性条件下,访问者只需较短的时间就能知道在网站的什么地方能够找到他们需要的信息,而不会发生茫然不知何往的情况。一致性原则运用于大学生思想政治教育主题网站建设上,至少包括以下几个方面的一致:网页色彩要保持一致;网页结构要保持一致;网页导航要保持一致;网页背景要保持一致;网页图片要保持一致;网页特别元素要保持一致。

其二,网站内容设置要突出实用性。设计者有时为了使大学生思想政治教育主题网站显得生动活泼而加上一些网页特效,如背景音乐、Flash 动画、各种 Java 效果等,但如果处理不好,就会使网站访问者眼花缭乱,特别是同时使用许多风格截然不同的特效,反而无法凸显网站内容的特色。正因为如此,设计者在进行网站设计时要侧重网站功能的实用性,即所设置的网站及栏目应符合本学校的特点,满足本学校绝大多数大学生的实际需要。在贯彻实用性原则时要注意,一方面应尽可能地把栏目细分,让用户能够根据需要快捷、方便地找到所需要的内容;另一方面,导航设计要合理,如果导航明确,用户就能快速找到自己所需要的内容,用户体验好了,自然就愿意常来。在设计导航的时候,最好不要把导航做成图片、动画或特效,应使用文字;同时,每个页面都要设置明显的返回频道页和首页。

其三,网站的信息要保证时效性。网页内容的实时更新是吸引用户的重要方面,所以大学生思想政治教育主题网站的内容应经常更新,以保持网站的信息内容具有新意。特别是现代信息瞬息万变,主页内容更新及时,将吸引越来越多的访问者和回头客。要想保持网站的访问量,就要不断地更新主页内容和版面形式，给人以新鲜感。主页内容更新后，最好在页脚注明更新的日期，这对经常访问的老用户十分有用。

其四，网站建设要突出主题特色。主题网站应根据定位的不同凸显设计特色，只有这样，才能对大学生产生强烈的吸引力，切勿千篇一律。只有不断创新的网站才能吸引更多的本校甚至外校的大学生用户。此外，在美化、优化网站外在形式的同时，更要重视内容的质量，优先把内容建设好才是实现特色制胜的关键所在。这里所说的内容不仅仅是指文章、资讯等，也可以是其他方面的内容，比如特色栏目、优势内容、特色板块、特色服务等。

其五，网页设计要简洁明快。优秀的网页设计者往往追求简洁、大气的设计风格，视觉上要做到长时间浏览不易产生疲劳感，注重颜色的应用。同时，坚持简洁的网站页面设计风格，避免由于网站功能元素过多而失去了网站的特色，要有利于网站浏览者能够根据需要快捷地寻找目标内容，提高网站浏览速度，增加点击率。

（二）大学生思想政治教育主题网站建设总体要求

其一，基本技术要求。首先，要能提供全天候的更新和服务，能够保证访问速度不会因为访问量的变化而受到影响。其次，网站应备有较高性能的服务器，可以支持网站因为突增的访问量而瘫痪，要保证首页峰值访问量和整体站点的日峰值访问量。再次，网站系统必须具有强大的任务分解能力，当访问量过大或点击率猛增造成某台服务器故障时，能够及时将任务转移到其他的服务器上继续工作。最后，网站必须有相应的网络安全备案，随时应对由于"网络黑客"攻击而造成的系统安全问题。

其二，功能及管理要求。首先，网站功能设置要健全，要保证能够充分满足浏览用户的需要。其次，网站系统在设计时要充分考虑到未来的管理成本，要最大限度地节省人力和物力成本。再次，要切实保证网络用户的网页信息浏览速度，要尽可能地减少不必要的软硬件因素而造成的对浏览速度的影响，不断更新技术，保证网页信息浏览的通畅性。

（三）评价标准

建设大学生思想政治教育主题网站是高校思想政治教育工作网络化的重要支撑，是以网络信息化的手段加大政治宣传的有效渠道，是对思想政治教育实践的有益探索。其一，内容评价。包括以下方面：网站的影响力评价；网站的具体内容；网站内容的时效性；网站的表现形式。网站的影响力评价主要包括访问人次数、访问时间、引用比率、所属机构权威性等内容。网站具体内容主要是指网站信息是否能对大学生起到有效引导的作用，能否满足大学生的实际需要。访问者对信息既有量的需要也有质的要求，网站内容要实时更新，实事求是，以正面宣传为主，积极传播正能量。时效性是指网站内容的更新速度。网站内容要紧跟时代步伐，与当前的时事政治相结合才能获得更高的用户满意度。表现形式是指网站制作是否美观、合理，并在一定程度上影响用户访问的兴趣。其二，网站技术和服务评价。首先，要充分检测网站软硬件的运行性能，要切实为用户提供一个安全、可靠、高效的浏览环境。其次，网站建立后要注意对网站的更新和维护，当网站系统出现问题时，及时发现问题的原因并解决。再次，网站的服务质量评价。主要包括网站质量、网站推广、网站服务功能的完整性、网站交互性等评价指标。

二、网站建设基本导向

大学生思想政治教育主题网站是高校新媒体思想政治教育工作者的重要阵地，是否能够发挥好这个平台的积极作用，关键在于在具体的建设过程当中，能否坚持正确的导向。

（一）守好网络新阵地，传播社会正能量

网络信息传播技术的发展，极大地丰富了信息资源，使我们生活在一个"信息爆炸"的时代。在这个时代背景下我们每个人都被各种信息所裹挟，从而增加了信息识别的难度。作为高校思想政治教育的重要阵地，大学生思想政治教育主题网站的一个重要任务就在于用正能量的信息"武装"我们的大学生网民，增强其对负面信息的识别能力和抗干扰能力。当网上出现负面或不实信息时，思想政治教育工作者要勇于理直气壮地反驳，要始终保证网络信息正确的政治导向。要对大学生"灌输"先进的科学理论知识，用马克思主义基本原理、习近平新时代中国特色社会主义思想等先进理论引导大学生成长。国内的一些网站内容由于审核不严格，确实出现不少值得批判的地方，比如有些文章公然宣扬马克思主义已经过时了，贬低马克思主义学说，否认马克思主义是普遍真理；有的文章不惜以恶意丑化革命英雄的手段来增加点击率；

有的大肆宣传腐朽、落后的价值观和生活方式；有的以恶意篡改的数据否定改革开放的历史功绩等。而我们的一些思想政治教育工作者在面对新媒体这些恶意攻击时，不能理直气壮和旗帜鲜明地向大学生宣传马克思主义学说。事实上，正是由于过去一段时间我们在坚持马克思主义方面，态度还不够坚决、旗帜还不够鲜明，造成了资产阶级自由化在我国几度泛滥。高校思想政治教育工作者要注意从中吸取经验教训。在对待新媒体谣言时要第一时间内搜集相关证据，发布公正透明的真相调查结果，还公众一个权威合理的解释。同时，应该通过邀请专家进行座谈交流的形式，让大学生了解事情的原委，防止不良言论泛滥。我们可以通过在大学生思想政治教育主题网站上开设"专家讲坛""领袖风采""学习贯彻习近平总书记重要讲话精神""求索前线""党之魂""伟大旗帜"等专栏，有组织、有步骤地借助新媒体向广大高校学子宣传正能量。

（二）把好信息关，做好引路人

思想政治教育工作者的一个重要职责就是要做好"把关人"，要对网络中传播的信息进行监控和筛选。由于网络信息传播的拓扑结构是一个离散的空间，网络信息把关的内容和形式较之传统媒体信息把关有所区别，这加大了把关的难度，需要教育工作者通过不断学习和培训，掌握相关技巧。首先，要讲求时机。要增强对社会热点问题的反应能力，及时对舆论关注点进行解答，有效地遏止负面信息的产生和蔓延；当一些关键敏感问题已经出现，就要掌握舆论的主动权，引导舆论方向；可以利用传统媒体的公信力，制止网络谣言肆意传播。其次，要注意对舆论信息的内容"把关"。要站稳政治立场，明确政治目标，始终把握舆论信息的新动向和新情况；要着眼于党和国家的工作大局，根据国家建设的需要设置内容；要坚持以民为本，密切关注大学生的实际需要，为他们提供丰富的精神食粮。最后，要把关"把关人"。要提高"把关人"的业务水平和个人素质，使其恪尽职守，做好把关工作。在新媒体时代，只有控制了网络舆论的主导权，才能保证新媒体环境的健康发展。因此，在新媒体中要主动引导舆论的走向，要抢占舆论先机。对于不实言论，不能采取听之任之的态度，对可能引起炒作的负面情绪，要坚持用事实说话、用数据讲理。尤其对于一些重大政治问题、重大历史问题，要及时准确发声，主动回应，有效化解舆论危机。

（三）讲好中国故事，传播中国声音

讲好故事，树好榜样，在网上大力弘扬爱国主义精神，这是当前主题网站建设的重要内容导向。当前，由于网络环境的虚拟性等因素，在给人们带来方便快捷的学习生活的同时，也致使一些青年人沉迷于网络虚拟世界而不能自拔。如何帮助这些青年人走出人生的"沼泽"，这是高校思想政治教育工作急需解决的一个难题。我们应在网络传播中大力弘扬体现社会主义核心价值观的精神财富。要把这些财富经过重新整理、加工和包装后搬上新媒体，用来塑造大学生的灵魂，引导他们立志报国，勇于为这一崇高理想而奋斗。在大学生新媒体思想政治教育专题网站中可以开设有关爱国主义的分站，如"中华魂""中国心""英雄颂""爱国主义"等，高举爱国主义旗帜，弘扬中华民族优秀的革命传统。

（四）坚持做好网上"鼓舞"工作

做好网上"鼓舞"工作，发出好声音、传播正能量，把优秀的作品充实到网站中。教育的最高境界就是"潜移默化"，板着脸搞教育往往很难获得理想的效果。同时，作为"网络原住民"的95后大学生群体往往具有很强的娱乐精神，网络之所以对他们具有强大的吸引力就在于它能使接触它的人感到身心愉悦。因此，思想政治教育主题网站当中的信息内容应以大学生喜闻乐见的方式呈现出来，并在其中蕴涵相应的教育内容，实现"润物细无声"的效果。这就要求教育者能够及时捕捉大学生的兴趣点、关注点，及时将这些内容整理、包装，将这些信息第一时间推送到新媒体上，从而实现良好的教育效果。网站建设者要善于不断地开发周围相关的信息资源，为思想政治教育主题网站提供最新的开发成果和信息咨询，提高网站信息的针对性、有效性和创新性。

三、网站内容建设

内容建设是网站建设的核心和灵魂，这直接决定了网站能否实现价值目标，决定了是否能承载相应的教育任务。可以说，网站内容决定和体现了网站的性质，决定了其是否具有正确的政治和思想导向功能，因此，我们要把主题网站的内容建设工作放在首位。

（一）建设原则

主题网站的内容是由目标和任务决定的，正因为如此，其内容设置需注意以下几点：

其一，政治立场鲜明。立场问题是一切问题的关键，可以说，政治立场的正确与否决定了思想政治教育工作的成败。当前，国际国内形势风云变幻，各种矛盾和问题层出不穷，如果不能旗帜鲜明地将"四个意识"挺在前，就会影响当前安定团结的政治大局。因此，网站内容只有具备鲜明的政治立场，才能在关键问题上确保正确的政治方向。作为思想政治教育工作者，在面对网上焦点问题和敏感问题时，要站稳政治立场，结合党的路线方针和政策予以解答，对出现的问题要用联系的、发展的眼光去看待。对于网上的不当言论，要立场鲜明地予以驳斥，要敢于与一切错误言论作斗争。

其二，要注重内容的引导性。思想政治教育归根结底是作用于意识形态领域的，是利用先进的理论和思想引导大学生，这也是网站内容建设的基本准则。这就要求主题网站的内容以"正能量"催人奋进，要抵制消沉、低迷甚至暴力、色情等方面的内容。作为网站的管理者，要严格把关网站内容，对不良信息零容忍，要坚决保证进入主题网站的信息内容的正确导向，对于不符合社会主义核心价值观或可能对大学生思想意识造成不良影响的内容，要予以坚决地剔除，不留死角，以保证思想政治教育主题网站内容的纯洁性。

其三，要坚持内容的创新性和可读性。大学生思想政治教育主题网站内容建设既要接地气，又要着眼高远，体现当代精神风貌，能助力 21 世纪网络人才的培养。一些思想政治教育网站内容的可读性和创新性不强，甚至直接将课本上的内容生搬硬套地复制到网站上，不但达不到教育的效果，反而降低了大学生的学习积极性，因此网站出现了点击率低或乏人问津的现象。95后大学生求新探奇心理异常强烈，在新媒体时代如果他们这种心理在正常渠道得不到满足，必然会另选他途，因此，能否吸引当代大学生的关注就成为网站内容设置的参考重点。

其四，内容要注意突出民族精神和时代精神。网站的内容建设必须以民族精神和时代精神为内核。思想政治教育主题网站如果没有民族精神作支撑，就不会获得源源不断的动力。勤劳勇敢、自强不息的民族精神鼓舞和激励着一代又一代中华儿女为创造美好生活而奋勇拼搏。时代精神是中华民族在各个历史时期形成的体现时代特征又能彰显先进精神的合力。主题网站的内容建设应切实以民族精神和时代精神为精神内核，并将二者结合起来，鼓励和引导大学生在中国特色社会主义建设的伟大实践中，不断培育民族精神和时代精神，并使之逐渐内化为爱国情怀和勇于创新的能力，同时也能够涵养大学生饱满的精神斗志，达到主题网站的教育目的。

其五，要符合大学生群体的思想形成规律。互联网的出现改变了当代青年人，改变了他们的学习方式，甚至成为他们学习和生活必不可少的组成部分。根据2017年的统计数据，中国网民数量已突破7.72亿人，而这些网民当中很大一部分是由在校95后大学生构成的。大学生网民是上网人群的主力，他们年轻、有活力、思维敏捷、独立意识强，但同时思想意识还没有完全成熟，价值观和思维体系还尚在形成过程当中，因此，很容易受到外界信息的影响和干扰。大学生思想政治教育主题网站要想吸引大学生群体的关注，就必须做到以学生为本，真正助力于当代大学生的成长成才，切实为大学生服务，满足大学生的需要，内容要能够真正吸引大学生的"眼球"。

（二）大学生思想政治教育主题网站的内容建设要求

大学生思想政治教育主题网站建设必须坚持以内容为王，要对内容不断进行优化和创新，在继承传统的基础上，结合时代特征，为思想政治教育注入新鲜血液。在时代发展的大背景下，既要坚持吸收传统思想政治教育内容中的合理因素，又要引领时代潮流，坚持与时俱进，勇于创新，使思想政治教育主题网站的内容富有强烈的时代感和感染力。

其一，规范性和差异性相结合。规范性和统一性是大学生思想政治教育主题网站内容的鲜明特征，应该得到有效遵循。但对于规范和统一的过度追求显然就丧失了教育的本意和初衷。当今时代教育环境越来越复杂，各种社会思潮、思想文化观念交流碰撞，大学生面对这些形形色色的新事物该如何认识，面对良莠不齐的信息该如何分辨和选择，这些都是摆在教育者面前的难题。如若大学生思想政治教育主题网站的内容设置忽视了时代的发展和大学生的需求，总是以相同的方式、相同的内容开展思想政治教育活动，必然会降低主题网站的教育效果。因此，只有坚持规范性，同时贯彻差异性要求，才能迅速及时地调整大学生思想政治教育主题网站的信息内容和呈现方式，更好地贴近生活、贴近大学生思想实际。要加强对大学生思想意识的引导，只有有针对性地面对大学生群体并紧跟时代发展步伐，适时调整大学生思想政治教育主题网站的内容。大学生思想政治教育主题网站在内容设置时一定要充分吸收相关学科的"营养"，综合考虑高校特点、专业情况、地域发展、学生特质和不同层次的需求，尊重大学生的主体地位，从大学生的现实生活维度出发，充分彰显各大高校、教师和大学生的特色，使思想政治教育主题网站的教育功能充分发挥出来。

其二，理论性和生活性相结合。思想政治教育的理论性是指，要对受教育者进行世界观和方法论教育，着重解决主客观相统一问题。大学生思想政治教育主题网站的内容需立足于大学生的思想实际情况，坚持以社会主义核心价值观和社会主义荣辱观为引领，树立科学的世界观、人生观和价值观，以此来指导大学生的日常生活和学习。网站内容在以科学理论为指导的前提下，应拉近与大学生实际生活的距离，让大学生在实际生活和学习中逐渐认识到自己的成长与国家发展和民族振兴之间的关系。内容的设置应注重将理论性内容与生活性内容相互融合，从而实现宏观教育内容和微观教育内容有机融合，这是时代进步的要求，也是高校思想政治教育发展的必然趋势。

其三，交互性和服务性。大学生思想政治教育网站在内容建设上，要运用积极健康的价值导向引领大学生成长成才，还要合理利用各种新媒体手段扩大影响力，加强与大学生双向或多向交流和心灵沟通，要深入大学生的生活现实，了解大学生的真实需要，有的放矢，切实帮助大学生解决生活学习中遇到的问题和困惑，对他们中间存在的不良倾向能够给予及时的纠正，并对问题的解决情况进行调查和反馈，以把握下一步思想政治工作的重点和方向。为了更好地吸引大学生群体对于网站的关注，网站可以根据学生的实际需求增加一些服务性的栏目，比如网上购票、网上查询等功能，进一步提高大学生对于网站的黏性和关注度。思想政治教育主题网站只有为大学生提供更加贴心、周到的帮助和服务，才能长久获得他们的支持，真正实现网站的"育人"功能。

其四，层次性和时效性。大学生受众的思想状况具有多层次性，具体表现为不同年级或同一年级的大学生因成长背景、成长环境、专业背景、学识结构等不同而出现思想处于不同的层次或个体在思想品德发展上有较大的差别。对于思想状况处于不同层次的大学生受众，可以进行有针对性的内容设置。总的来说，对大学生受众，在巩固高中思想政治教育成果的基础上，要注意针对大学生思想日益独立和多元化的特点，引导他们自觉提高理论层次和政治觉悟，并在大学生思想政治教育主题网站上公布热点问题的官方调查结果，引导他们自主做出正确的价值判断。同时，网站的内容更新必须比传统思想政治教育更加讲究时效性，要紧跟时代发展的节奏，与时俱进，不断创新，用更好的内容和呈现方式牢牢抓住大学生受众的"眼球"，深入其心，触动其魂，从而把思想政治教育工作真正做到大学生的心坎上。

其五，连贯性和创新性。大学生思想政治教育主题网站只有坚持连贯性和创新性，才能打造出新媒体思政品牌，才能更好地服务于育人的目标。

大学生网络受众具有不稳定性、分散性和随意性等特征，因此我们必须把大学生思想政治教育网站当作一个系统工程来建设。这就要求我们在内容的安排上既要有长远的考虑，又要有近期的安排，要保持内容及教育的连贯性，要及时根据大学生受众群体的思想成长和国内外时事的变化调整内容，引导大学生自主选择接受思政教育，自觉运用科学的指导思想和积极进取的人生态度来处理学习和生活中遇到的各种难题。我们还需要重视网站内容的创新性，坚持内容为王不动摇，加强各部门协同工作，充分调动起广大教育者的创作积极性，不断勇于尝试内容和形式创新，不断为大学生思想政治教育主题网站注入新精品、新内容、新思想、新理念，只有这样才能打造出具有大格局，同时又是大学生喜闻乐见的网络文化精品。

（三）构建大学生思想政治教育主题网站的内容体系

围绕大学生思想政治教育的目标和任务，根据大学生思想政治教育主题网站内容建设的原则和要求，着力构建适合当代大学生身心特点的网站内容体系。针对当代大学生共性特点，大学生网络思想政治教育网站的内容可以归纳为网络思想教育、网络政治和法制教育、网络心理教育、网络形势与政策教育、网络人文科学知识教育、网络中华优秀传统文化教育等方面。这些方面的内容相互联系、相互渗透、相辅相成，共同构成大学生思想政治教育主题网站的内容体系。

一是网络思想教育。正确的思想观念不是凭空产生的，而是源于马克思主义理论的武装。大学生思想政治教育主题网站能否成功实现教育目标，就在于是否坚持运用马克思主义理论影响和指导青年大学生的世界观、人生观和价值观。要着眼于用科学的理论武装大学生的头脑，使得当代大学生对马克思主义不仅有理论认识，更重要的是能够领悟马克思主义的精神实质，并且可以在日常生活实践中领悟马克思主义的立场、观点、方法，能够用马克思主义的基本理论分析和解决问题。在对马克思主义理论的宣传教育中，不能将其固化，限定在某个历史发展阶段，而是应该努力将马克思主义这一认识世界和改造世界的强大理论武器的威力发挥出来，真正将其转化为大学生的行动指南。

二是网络政治和法制教育。大学生思想政治教育主题网站所进行的政治教育主要包括政治理想、政治信念、政治方向、政治立场、政治情感、政治方法、政治纪律等内容，其中党的基本路线方针政策教育、学习贯彻习近平总书记系列重要讲话精神等都是当前网络政治教育的重点内容。网络法制教育就是通过主题网站及各类新媒体进行法制宣传，是社会主义法律体系的普及教育，目的是促使大学生保持网上和网下行为的一致性和合法性，培养他们形成强烈的社会主义民主法制意识。

三是网络心理教育。思想政治教育的根本目的在于促进人的全面发展，这就要求大学生思想政治教育主题网站也应开设心理教育的内容，比如通过开设网上心理咨询热线等方式，对大学生进行有针对性的心理辅导，帮助他们舒缓压力，打开心中郁结，以积极饱满的精神状态投入到丰富多彩的学习和生活当中去。

四是网络形势与政策教育。在网络上开展形势与政策教育，有利于发挥网站的育人功能，为培养社会主义现代化的建设人才贡献力量。我们可以通过在大学生思想政治教育主题网站中开展形势与政策教育专栏，将权威的信息发布其中，并运用主题网站向各类新媒体的推送功能，及时传播关于当前国内形势与政策的最新信息。当前应尤其关注和推送的是关于我国可持续发展与环境保护、国防建设与国家安全、"十四五"发展规划以及习近平新时代中国特色社会主义思想等方面的解读内容。

五是网络人文科学知识教育。大学生思想政治教育主题网站不仅承载着价值引领、立德树人的使命，也承载着知识教育的任务，因此，有针对性地向大学生受众介绍人文科学知识，是大学生思想政治教育主题网站应有的重要内容。应积极发挥新媒体人文科学知识教育的育人作用，助力大学生受众将高尚情操和科学精神内化为人格素质。

六是网络中华民族优秀传统文化教育。中华五千年文明源远流长，是我们用之不竭的宝贵精神财富，因此，在新媒体中为我们的优秀传统文化占据一席之地，是大学生思想政治教育主题网站义不容辞的责任和光荣使命。中华民族优秀传统文化是我们民族生生不息的基础，是我们形成归属感、民族自豪感的文化之根，值得大学生思想政治教育工作者好好整理，开发利用，用来激励、教化我们的大学生。

第三节 充分利用微媒体手段

微媒体(Micro Media)主要是指目前以微博、微信、微电影、微小说、微电台等为代表的"微"事物而形成的新媒体。微媒体作为高校思想政治教育的新平台，以其去中心化、草根化、开放式的理念得到大学生的热烈欢迎。新媒体时代，微媒体的思想政治教育功能不容小觑。

一、微博

微博是"微型博客"(Micro Blog)的简称，是基于用户关系实现信息共享、传播以及获取的网络平台。微博于2006年诞生于美国，2009年开始引入中国并迅速发展，用户人数截至2014年底达到了2.75亿人，因为其具有的快捷、共享和低成本等特点，成为大学生群体最喜欢的网络平台之一。微博的广泛使用方便了大学生的学习和生活，让信息的传播变得更加便利，思想政治教育工作者要勇于尝试利用微博平台进行教育宣传，使其成为新时期大学生思想政治教育宣传的一个有力渠道。

（一）微博给大学生思想政治教育打开了一片新天地

微博教育是网络技术发展条件下的教育新形式，为思想政治教育的开展创造了新的条件。微博由于其具有的特性，拓展了新媒体思想政治教育的手段，并有效加强了师生之间的互动，促进了师生间的平等交流。微博作为一种信息交流和沟通的新媒体工具，因其即时性、便利性和平民化等优点赢得了越来越多大学生的支持。正是基于这种情况，高校思想政治教育工作者将微博作为教育信息的发布平台，并取得了积极的教育效果。以微博平台为媒介开展的教育活动，一是更加方便快捷，只需使用手机等移动终端及相应的软件就可以顺利开展。二是微博平台交流所特有的平等性和开放性，有利于大学生卸下心理的防备，用更加真实、轻松的态度展现自我和交流沟通，模糊了施教者和受教者之间的界限，拉近了彼此之间的心理距离，能够实现良性交流与互动，为高校新媒体思想政治教育的成功开展提供了现实条件。通过微博平台使教育者能够更真实地了解大学生群体的生活和学习状态，以便在教育活动中开展更加具有针对性的教育引导。在现实环境下，大学生往往由于受到传统思维和身份的影响，很难真实地表露自己内心的想法，网络虚拟环境更有利于教育者和受教育者通过沟通了解真实的彼此。通过微博手段进行沟通，有助于有针对性地对大学生进行心理辅导，引导其树立正确的人生目标和价值取向。三是以微博为渠道的教育沟通方式，有利于突破传统教育中对于时间和空间的束缚，可以随时随地地进行沟通和教育，极大地提高教育工作的效率。四是在网络新媒体技术的支持下，教育信息的形式更加多样化，教育者可以选择多种表达形式传播教育思想，如文字、图片、视频等，增强教育内容的直观性和趣味性，受到了大学生的支持，这种传播形式弥补了传统思想政治教育中"单一式""说理式"教育的不足，以青年人喜闻乐见的形式传播教育思想，并在教育实践中取得了令人满意的效果。

（二）微博创新了高校新媒体思想政治教育的手段

创新是推动发展的力量源泉。高校思想政治教育工作者要敢于创新，要敢于将大学生思想政治教育与微博平台相结合，这无疑是在创新理念指导下的又一次有益尝试。高校思想政治教育工作者要充分探索微博的各项功能的使用方式，让它真正成为思想政治教育的有力工具。首先，微博是教育工作者了解社会舆论的一个重要窗口，可以真实地了解当代大学生的所思所想。网络虚拟交流之所以会受到青年学生的喜爱就在于它具有隐蔽性、匿名性、信息传播即时性等特点，可以有效地减少教育者与受教育者之间沟通交流的障碍，避免紧张、不信任等因素的干扰。高校可以通过微博平台建立学校或学院的官方微博账号，通过微博平台向大学生发布学校的新闻和工作信息，并通过微博与学生开展互动交流，增加学生对学校新闻的关注和认同，拉近与学生之间的距离。在通过微博手段与大学生交流互动时，教育者可以通过沟通了解学生最真实的心理感受和心理状态，通过这些信息不断调整工作方法和工作重点。当遇到突发性群体事件时，微博也是教育者传播辟谣信息、引导舆论发展的重要渠道，可以起到很好的化解矛盾的作用。其次，通过微博为校园与社会架起互联互通的桥梁。如今的大学生已经不再仅仅满足于关注"象牙塔内的世界"，社会上的热点新闻和事件也会对大学生的思想意识造成影响。"传统思想政治教育的导向作用主要体现在价值、目标和行为导向方面，微博时代的思想政治教育导向功能则是可以借助微博自身独特的特点和功能凸显出来。"[①]因此，大学生思想政治教育工作者可以借助微博上的"热门话题"引导大学生进行思考和讨论，引导大学生用科学的理论分析问题，得出结论，进一步深化思想政治教育的指导功能。同时，这些内容为高校思想政治教育工作提供了丰富的教学素材，可以避免单纯书本教学的枯燥乏味，并引导大学生认真思考，正确理解党和国家的政策路线和方针，提高大学生群体的思想境界。最后，培养大学生中的"意见领袖"，引发群体效应。微博的使用用户中年龄相仿、兴趣爱好相似的个体之间更加容易相互关注，在大学生思想政治教育过程中可以充分利用大学生之间的群体效应，发挥学生"意见领袖"的舆论引导作用。"意见领袖"在信息传播中扮演重要的角色，有利于形成积极健康的舆论导向，高校可以发掘一些校内资源，培养一些学生或具有良好道德修养、学术水平高、影响力大的专家学者成为微博上的"意见领袖"。此外，大学生之间更加容易形成集群效应，可以在微博上发布本校大学生的先进事迹，通过大学生身边真实的案例影响和鼓舞他们，使其自发提高自身的思想觉悟和素质，自觉向优秀的学生看齐。

二、微信及微信公众号

微信是腾讯公司于 2011 年 1 月 21 日推出的一个为智能终端提供即时通讯

[①] 刘春雁. 大学生微博使用状况的调查与思考[J]. 思想理论教育, 2011(3).

服务的免费应用程序，其一经推出就迅速占领了国内市场。截至2016年12月注册用户量已经突破8.89亿，是亚洲地区最大用户群体的移动即时通讯软件。在微信的用户群体中，大学生的占比是惊人的，它改变着大学生的思维方式和生活习惯，甚至它已不再是一种技术工具，而是现代交流技术的象征，并正在构建一种新型的社会关系。随着新媒体信息技术的发展，高校可以利用微信工具来更好地实现思想政治教育的育人功能。

微信为高校新媒体思想政治教育开辟了自由创新的空间，为大学生思想政治教育工作提供了一个崭新的平台。首先，微信平台的使用更有利于促进施教双方的平等性，拉近师生之间的距离。微信平台之间的互动是建立在现实的人际关系的基础上，因此其传播信息的可信度相对于其他媒体渠道更高，微信好友之间的互动也更加具有亲密性。同时，在通过微信平台进行互动时可以减少现实生活中的隔阂和障碍，使教育者和受教育者之间的地位更加平等，交流更加真诚，促进了教育的实效性。其次，微信的信息传播方式具有即时性的特点，大大加快了信息流通的速度。与传统的教育媒介相比，微信在信息的传播速度上有着明显的优势。大学生在信息沟通时，非常注重信息传播的速度，也正是因为这个原因，微信越来越受到他们的喜爱。最后，微信教育手段具有成本低、效果好的优势。微信平台的建立只需要简单的几个步骤就可以申请成功，且运行之后就不会再收取其他费用，平台的管理人员只需及时对内容进行扩充和更新就可以达到很好的运营效果，相对于一般网络平台或网站，其人力成本、管理成本相对较低，效果更好，是开展高校新媒体思想政治教育的好方法。

以微博、微信为代表的微媒体平台为高校思想政治教育工作带来了新的契机，同时也带来了开放共享意识的形成和信息爆炸的狂欢。思想政治教育工作者要对它的两面性有清晰的认识，它在为人们带来即时沟通便利的同时，也在潜移默化地改变着人们的思维习惯和交流方式，在一定程度上是对高校思想政治教育工作的冲击。因此，高校需要切实加强微媒体平台的安全性和专业性建设，为思想政治教育提供专用的沟通平台；针对大学生群体对微信软件的青睐这一现实，高校需要加强现有微信平台信息的资源整合，如建立微信公众号推送教育内容等方式，打造微媒体平台下的思想政治教育综合效应；高校需要立足于大学生对新媒体使用的现状，提升教育者和大学生的媒介素养，使他们的信息分辨能力得到强化；要不断扩大校园网络舆论的监控面和辐射面，及时维护微博、微信平台信息，营造文明、健康的新媒体交流氛围。

利用微信公众号开展思想政治教育可以实现全电子化思政教育，实现资料、资讯、教学相结合的思政教育渠道，不仅可以充分利用大学生的喜好，更能进一步丰富思想政治教育形式。微信公众号是一种兼具图文、音视频，还可以推送消息提醒的多媒体平台，思政教育微信公众号可以及时推送思想政治教育信息，有助于为学生提供新鲜、有趣、形式多样的思想政治教育资源，进而增强思想政治教育的吸引力。微信公众号不仅可以覆盖学校的大部分师生，还能通过自媒体向全国甚至全世界发出信息，它区别于原有传统的宣传渠道，信息传递更加直接，推广范围更加广泛，有效扩大了思想政治教育的宣传效果和影响范围。

第四节　新媒体背景下国外相关教育经验

本节对与中国思想政治教育相似的国外相关教育进行调研分析：从教育内容和教育途径上着重分析了美国以及日本、韩国、新加坡和法国的相关教育。总结出新媒体背景下，国外相关教育的经验：强化公民教育以应对新媒体挑战，关注网络监管以规范网络行为，提高信息素养以适应新媒体环境。

一、国外相关教育

由于各国历史、文化背景、政治体制的差别，各国的思想政治教育也存在很大差异。电视、广播、报纸、电影等大众传媒在美国、日本等发达国家都是进行思想教育的有力工具。新媒体背景下，国外纷纷利用互联网，通过开设交流平台，邀请专家分析评论各类热点问题，进行网络监管及舆论引导，进行信息素养教育，向公民渗透价值观、宗教信条、道德规范和原则等。

（一）美国的教育

在美国，是以资产阶级政治思想为核心的公民教育，包括政治教育、道德教育、宗教教育、法制教育和信息素养教育。为了维护资产阶级的民主共和制，美国比较重视公民教育，强调利用新媒体加强公民政治教育，政府重视通过大众媒介宣传其思想和观念。

1. 美国注重网络法制和信息素养教育

从内容看，美国注重网络法制、法规的制定和实施，注重网络法制教育以及信息素养教育，注重使用新媒体进行政治教育、宗教教育和道德教育。

第一，网络法制教育。新媒体背景下，美国的做法是提供法律知识和规范网上行为。政府网站上能找到配有案例的各种法律知识的介绍，既严密规范又生动形象，并提供交流空间。哈佛大学的校园网则通过网上调查和网上法律知识竞赛等提高大学生的信息素养。

第二，网络法规制定。美国是网络发源地，也是网络立法最早的国家。对于因特网的管理，美国政府立足国情，从联邦和州两个层次入手，进行机构设置和立法管理，其管理体系已经较为成熟。管理体系包括：《互联网计算机系统保护法》《计算机欺诈和滥用法》《计算机安全法》《计算机安全教育及培训法》《电子交易法》以及一些保护个人隐私的立法等，从法律角度保障网络安全，对网络上自由随意的欺骗行为具有威慑作用。

第三，信息素养教育。在新媒体突飞猛进的背景下，美国注重个人信息素养教育。信息素养由美国信息产业协会主席保罗·泽可斯基于1974年首先提出。他将信息素养定义为："利用大量的信息工具及主要信息源，寻找、评价和有效利用信息使问题得到解答的技术和技能。"他们设有专门的评价指标和标准来评价一个人的信息素养，而且标准定得很有针对性，比如有专门针对中小学生的标准，针对大学生的标准，还有专门针对某一个学科的信息素养标准。总的来说，评价信息素养的指标包括信息获取、信息评价、信息有效利用等。美国政府注重引导网民将信息、技术引入工作、生活和学习，引入目标的实现过程，正确看待不良信息，合理摒弃不良信息；培养信息获取、甄别和使用的有关基本知识和技能，注重独立分析判断和使用信息；进行信息权利与义务观教育，使网民有获取各类信息的权利，为网民提供获取各类信息的便利条件，同时要求履行相应的自我保护和自我约束义务。

第四，美国通过各级各类网站对公民进行隐性政治教育。美国有专门的教育网站介绍政治制度和政府知识，比如"新闻网"（www.usnews.com）等。从美国的政府网站到社区网站，从高校网站到中小学网站乃至家庭网站等，其内容看似眼花缭乱，却万变不离其宗，充盈着浓郁的公民教育气息。美国的各级网站都飘扬着美国国旗，"我爱我的国家"这类标语在政府、大学甚至家庭网站上随处可见。美国有专门的历史教育网站，各类历史事件都可以在网站中找到。

第五，美国政府很重视利用新媒体进行宗教和道德教育。一些晦涩难懂的宗教教义通过小说、图画、音乐、网络小说、网络影视作品等展现出来。在各种网站宣传渗透宗教教育和道德教育，营造网民信仰宗教、崇尚真善美的氛围。

2. 美国的思想教育途径

从教育途径上看，美国注重新媒体信息对被教育者的感染力，监测新媒体中被教育者的思想动态，注重使用新媒体开展活动，使用新媒体与受教育者交流，注重教育者的结构和技巧，注重隐私保护。

在军队中，美国政府运用 Facebook 和 Youtube 等进行思想政治教育工作。新媒体迎合了思想教育组织传播和人际传播的需要。第一，美军征兵时使用 Youtube 和 Facebook 等平台。通过军队内部媒体和 Youtube Twitter 和 Facebook 等平台上的视频、图片、文字等进行军队形象宣传，信息可以更快走进人们视野，走进人们的手机，并被更多人传递，这样不仅可以完成征兵工作，还可以使军队正面形象不知不觉地深入人心。第二，美国军队在社交网站中通过舆情监测官兵思想动态，在交流互动中渗透教育内容。社交网站提供了平等的交流氛围，使得交流更自由、舒适，教育更贴近生活，更有效。通过交流可以发泄不良情绪，通过交流可以统一精神。第三，在社交网站中集中谈论主题，形成团队凝聚力。

在学校里，新媒体背景下美国思想政治方面的教育主要通过显性教育、隐性教育和教育者的示范作用来完成。第一，美国公立学校几乎都开设与媒体融合程度很高的公民、时事、民主问题、美国政府和现代社会等课程，同时，学校主页上会有"政治小组"等链接，方便学生通过新媒体对政治进行讨论。学校各网站、论坛都通过宗教、政治知识和法律规定等进行公民教育。第二，学校通过节日庆典、文艺演出、各种社区服务、社团组织、志愿活动和学生活动等营造教育氛围，在新媒体中进行宣传和交流，向学生渗透爱国主义思想。第三，美国教育界对教师提出了严格甚至是苛刻的政治道德标准，无论是现实生活还是新媒体中都要求教师严于律己，做学生的表率。教师除了要坚定政治立场外，更要注重学生隐私的保护。新媒体将个人信息过多地暴露于公众视野，学生的信息在新媒体背景下很容易被他们所信任的教育者得到，教育者必须要尊重学生，保护学生隐私。

美国大学中没有类似中国大学的班主任、辅导员这类专职思想政治教育人员，但专门设置学生咨询指导机构，包括入学指导、学业指导、就业指导、心理咨询、人际交往和奖励制度等，覆盖了学生可能需要解决的所有问题。咨询指导机构中的人员都是专业的辅导咨询人员。美国学生的学术专业由院系负责，生活相关方面由这些机构来服务。在美国大学上学，看不到像中国大学的主题党日、主题团日活动，看不到专题的诚信教育，看不到专门的思想政治教育工作者，但是利用新媒体工具，美国的教育者可以做到使思想政治教育无处不在，它其实存在于教育者的高度政治性中，存在于教师的 PPT 中，存在于 Twitter 和 Facebook 的文字中，也存在于网上论坛的交流中、舍监的言语中、教学楼的设计风格中、学院墙上的 Logo 中，也存在于键盘的每一次敲击中，存在于每个学生的心中，这种教育是大范围的、实时的、持久的、隐性的。

我国现阶段大学生思想政治教育中可以借鉴美国的一些教育方法：第一，在校园文化活动的宣传中可以仿效美国学校的做法，使用视频网站、社交网站和微博微信等新媒体进行活动宣传。第二，在社交网站或者校园网中实时掌握学生的思想动态，了解学生需求和兴趣点；通过社交网站和校园网与学生进行交流，并深度辅导，渗透思想政治教育内容，使教育更加持久和深入。第三，形成网络讨论组，进行群体引导。通过设计主题和议程来进行教育，凝聚人心，营造和谐氛围。第四，注重隐私保护。提高教育者个人修养和职业道德。

（二）其他国家的教育

1. 日本注重网络道德教育和全员育人

新媒体背景下，网络道德教育是日本比较重视的一项教育内容。在日本，电子产品在青年人中过早普及,校园网信息质量得不到监管,导致很多网络欺凌(cyber bullying)的现象出现。网络欺凌通俗地说就是通过电子邮件、照片、视频等丑化、污辱、诽谤、欺负他人的一种行为。日本注重通过学校和家庭的正确引导进行教育,减少网络欺凌行为。

日本思想政治教育的途径是学校教育与社会教育并重,实现全员育人。各类社会组织和大众传媒都起到了思想政治教育的作用。日本大众传媒通过新媒体进行政治报道,监督日本政府的各项活动,反映和引导社会舆论。日本的大众传媒每天都向受众灌输大量的时事政治信息,这对于广大群众形成自己的政治观点起着潜移默化的作用,从而形成公众舆论,影响着政治决策。每遇社会重大事件,大众传媒都要进行民意测验和内阁支持率调查,日本政府在决策中常常会充分考虑到从媒体中反映出来的各方意见和利益要求。此外,青少年辅导中心、防范协会等机构也对思想政治教育起到一定作用。

2. 韩国在青少年中实施网络实名制

新媒体背景下,韩国政府对青少年的保护体现在通过实名制技术手段阻止有害信息传播。韩国是世界上第一个实行网络实名制的国家。自2005年起,韩国通过一系列措施,顺利实施了网络实名制的相关法律和监管制度,并得到了社会的认可。这是一种有力的措施,把虚拟空间带来的虚假、欺骗等问题对青年大学生造成的身体和心灵伤害降到了最低,增加了互联网信息的可靠性。此外,为了减少不良游戏对青少年的影响,韩国还进行网络游戏内容分级管理,对网络游戏内容实行按用户年龄分级管理制度。

有研究得出:"中国人和韩国人在使用新媒体的动机上比较相似,主要是为了社会联系和信息获取。中国大学生使用社交媒体是为了社会联系、社会网络搜索、形象共享、使用网络信息内容、追求娱乐、集体认知。韩国大学生使用社交媒体是为了社会联系、使用网络信息内容、社会网络搜索和追求娱乐。"中国学者对微博使用的研究发现:"中国微博的使用动机前两位是人际交往和搜寻信息。韩国人使用微博主要是为了情报交换和生活记录。"网络实名制从制度上保障了社会联系和信息获取的可靠性,对中国大学生校园网络管理也有一定的借鉴意义。

3. 新加坡注重网络法制建设和媒介素养教育

新加坡是世界上推广互联网最早和互联网普及率最高的国家，个人计算机拥有率在世界名列前茅。新媒体背景下新加坡公民教育主要有两大重点，即实行网络法制化管理和注重公民媒介素养教育。

第一，新加坡成立专门机构，制定网络法律法规。新加坡在网络方面的法律法规区别对待家庭和商业、未成年人和成年人、个人和公共，对不同使用目的的群体实施不一样的政策。立法全面，执法严格。

第二，新加坡注重公民媒介素养教育，长期执行并不断完善。新加坡鼓励学校开设媒体素养教育课程并鼓励各类机构和团体面向社会公众进行媒体素养教育活动。各学校聘请校外教育培训机构的专业教员为学生讲授媒体素养教育课程。聘请校外师资的费用则来自为媒体素养教育提供资助的相关基金；对提供媒体素养教育课程的私立教育公司（或其他机构）进行资质认证。只有通过教育部认证的培训机构或教育公司，才有资格向新加坡公立中小学校提供媒体素养教育课程。同时，各公立中小学校外聘的教员只能来自通过教育部资质认证的培训机构。在新加坡有一些社会志愿者团体，多年以来坚持为公众提供免费的媒体素养教育课程和活动，所以新加坡媒体素养教育在某种程度上也被纳入社会公益活动的范畴。

此外，新媒体背景下，新加坡主要的门户网站无时无刻不渗透国家意志。新加坡通过建立主题德育网站、名人博客，用新媒体上的视频、音频资料来引导公民思想。新加坡还在网上开展各种心理咨询类活动，如进行心理健康理论知识宣传、提供各类心理方面的自我检测题目、公布心理研究动态、介绍心理医生等。

4. 法国注重未成年人的信息素养教育

新媒体背景下，法国人十分关注对未成年人的教育保护。法国政府通过制定、完善相关法律法规来保护未成年人合法权益。提高了准入门槛，规范了新媒体使用规则。第一，法国政府为未成年学生颁发信息与网络资格证书，取得该证书才可以在学校独立进行计算机网络相关操作。第二，政府对学生、教师和教育机构针对互联网特征进行培训、宣传，培养个体信息素养。法国政府与研究机构编制了具有网络工具书性质的网络"手册"，是学校师生使用网络的指南，既明确了责任，又为师生提供了帮助。第三，从思想上、技术上对青少年和家长进行充分的教育和引导，使他们掌握互联网的正确使用规范。在学校里学生要签订网络使用"协议"，这种"协议"属于学校规定中的一部分，学生必须要严格遵守"协议"中规定的内容。

二、经验借鉴

新媒体背景下，各国都在探索适合于新媒体时代的公民思想教育内容和方法。各个国家都有可供借鉴的做法，通过分析和比较各国的相关教育内容和途径，可以总结出三条经验：强化公民教育以降低其他意识形态的影响；关注网络监管以规范网络行为；提高信息素养以适应新媒体环境。在我国，党中央和中央政府对互联网高度重视，从设立独立的国家互联网信息化办公室到成立中央网络安全和信息化领导小组，从强调网络安全、网络舆论引导再到推进互联网经济、互联网金融，互联网成为国家最高层的"聚焦所在"。

（一）强化教育以应对新媒体挑战

新媒体时代对大学生教育提出了多方位的挑战，大学生的政治立场、价值观念、思想道德等受到新媒体的影响很大，所以在新媒体背景下，我们更要紧抓大学生教育，为国家和民族的发展提供最基本的保证。新媒体带来的多元意识形态和多元文化不断地冲击着人们的精神世界，在新媒体中，相比过去的单一封闭的环境，外来意识形态影响的范围更大、时间更持久、频率更高、速度更快，只有强化我国大学生思想政治教育，才能使外来意识形态对大学生群体的影响降到最低。所以，新媒体背景下，我国高校要更加注重强化以价值观、道德观和爱国主义为核心的思政教育。

大学生思想政治教育是对大学生的思想进行全面教育的过程，需要教育出"合格建设者和可靠接班人"。大学生具有一定的政治立场、价值观念和道德水平，可以做到遵纪守法，不危害社会，做好本职工作，为社会做出贡献，这是"合格建设者"。大学生的思想政治要与国家统一到一个层面上，具有坚定的政治立场、正确的价值观念、高尚的道德、过硬的专业技术能力，具有敏锐的头脑、健康的心态、高效的处事技巧、积极的态度和热情，先天下之忧而忧，这是"可靠的接班人"。高校新媒体思政教育的最终目标就是为中国特色社会主义建设培养"可靠的接班人"。

（二）关注网络监管以规范网络行为

随着网格技术的不断进步、虚拟空间的出现，使各国都认识到虚拟空间是一个人们汇聚、互动、产生人与人之间关系的重要空间，但是这个空间中的道德标准、道德约束力并没有完善，这对于青少年的影响尤为重大。各国都在制定网络法规，并实行各种类型的网络监管以应对虚拟空间中的道德失范问题。在我国，2014年2月27日中央网络安全和信息化领导小组成立，法治化逐步成为互联网治理新常态。网络空间是现实世界在虚拟世界中的延伸，现实世界中我们全面推进依法治国，在虚拟世界中一样要健全法制。笔者认为，我们要在遵循互联网规律的前提下，在不侵犯公民隐私的前提下，坚持依法治网、管网、办网、用网，不断提高网络治理的水平。

第一，在网络管理方面，建立健全网络法律法规。美国是网络立法最早的国家。新加坡设立专门的网络法律法规，设置专门的管理部门，管理部门可以命令关闭被认为危害公共安全、国家防务、宗教和谐及社会公德的网站。对互联网的内容做了严格要求，并支持开发推广网络管理软件，过滤不符合要求的网络内容。法国政府通过制定、完善相关网络法律法规来保护未成年人合法权益。各国法律法规的制定从法律角度保障了网络的安全和谐，对网络上自由随意的欺骗行为起到威慑作用。

第二，网络监督方面。在网络监督方面，各个国家通过严格执法、严格市场准入、限制网络信息的内容和范围、实现网络实名制、成立网络非法信息举报机构等方式监督网络。韩国是最早实行网络实名制的国家，实名制起到了很好的网络监管作用。法国重视网络知识产权保护，严厉打击非法下载行为。通过在校园网上安装自动监视器，并链接涉及淫秽和种族歧视的"黑名单"，进行专门的技术处理，限制学生的上网内容和范围，防止学生受到不良信息的侵害。大学校园内科学规范的网络监管机制既可以有效抵御和防控不良信息的大规模侵入，又可以对大学生的网络行为起到约束和引导的作用。良好的网络环境、适度的监督和引导对于信息素养不高、价值观未定型的大学生起着重要的作用。大学生与成年人相比在适应社会、融入社会和对社会的了解等方面是一个弱势群体，需要全社会的关爱和保护。在虚拟空间中，网络实名制、网络法律法规等监管措施起到了对大学生的保护作用，使之能在健康、积极、和谐的环境中学习、成长。

(三)提高媒介素养以适应新媒体环境

媒介素养这个词汇来自美国媒体素养研究中心的定义,指的是每个人面对不同媒体中各种信息时所产生的直接表现,直接表现的内容往往是人的识别力、质疑力、理解力、评估力和创造力所决定的,媒介素养并非是直接的反应,而是具有思辨能力下的客观反映。高校大学生的媒介素养关涉三个方面的内容:首先是新媒体时代的媒介环境变化。所谓媒介环境指的是媒介的表现形式、媒介的建设情况、媒介的能力等内容。在新媒体时代下,媒介的环境变化将会影响到媒介资源的自我发展,这对于社会的发展有着直接的影响。而媒介的表现形式下公众利用媒介形式的频率和比例是体现社会动态的主要数据来源,媒介的建设情况中包含了媒介建立的方式方法与宗旨,媒介的能力则指的是媒介资源在社会中发挥的作用,并由此产生的直接影响和间接影响。此外,对媒介的批判能力也是媒介环境变化下需要关注的重点。其次,什么是媒介素养,构成要素是什么,大学生的媒介现状如何。在高校媒介素养的培养中,高校媒介素养课程内容主要是通过思政课教学实现的,虽然在内容上具有前沿性,但针对媒介环境的变化,高校媒介素养培养中思政课要积极的适应教学环境的变化,这是思政课教学设置的基础,媒介素养培养的主要目标是提升大学生正确思考媒体信息的能力,培养路径主要有校园学课建设和校外实践两个方面,其实质上是高校教育发展的必然要求。此外本课题以高校大学生的媒介素养能力现状为切入点,分析了新媒体环境变化下中提升大学生媒介素养的方法,并在此基础上结合高校大学生的就业环境提出了大学生媒介素养的培育与提升路径。新媒体背景下,信息素养教育主要包括信息能力的提升和信息道德教育。信息能力的提升主要是为了提升信息检索、选择和判断的能力,信息道德教育是为了使人在新媒体中用道德的标准约束自身,了解新媒体相关法制法规,不做违反道德和法律的事。各国政府和社会都很重视信息素养教育。

根据新媒体环境的变化,大学生媒介素养也有了新的要求和变化。高校思政教育要针对大学生的信息识别能力、信息分析能力、信息评估能力、信息创造能力、信息的正确运用能力进行媒介素养的培养。高校思政教育中媒介素养的培育目标是通过对不同媒体发出的信息的识别来培养大学生的信息判断能力，这个过程中需要高校不同专业的学生要有基本的媒介素养，而有关媒介素养的定义、发展、应用、创新等内容则是本课题研究的重点，将这些重点的内容进行融合，以传统的教学手段来引导达到培育媒介素养的目标是非常关键的。大学生媒介素养的现状表现为媒介素养中的社会协作、社会参与素养的不足，其根本原因在于媒体环境的变化下，高校学生所需要的能力与学校专业学习的目标是存在一定的差异的，教学目标没有发生明显的变化，就很容易与学生的发展方向脱钩，最终造成高校教育课程中学生只知道片面的认识问题，而不能识别新媒体环境下不同的信息，正确的选择和辨识信息是大学生在社会上发展需要的基本素质，从结果上看，缺乏对媒体信息的识别能力会导致高校学生缺乏竞争力而面临被淘汰的发展危机，因此高校教育需要在教学目标、教学过程以及教学手段等方面需要进行积极的变化，以高质量化为目标、以课程标准为内容、以媒介素养为载体，从而提升高校教育课程中思政课的质量，实现教学目标的转型。

第一，将信息素养教育列入正规课程，使教育有章可循。在信息能力教育方面，欧美大学已经纷纷开设了形式多样的信息素养课程，教授学生信息检索和利用的基本概念和操作技能，将信息素养与阅读、写作和数学并列为大学生必备的四项能力。

第二，细化信息素养教育的标准，增强教育的专业性。在美国设有专门的评价指标和标准来评价一个人的信息素养，有专门针对中小学生的评价标准，有针对大学生的评价标准，还有专门针对某一个学科的信息素养标准。法国政府为未成年学生颁发信息与网络资格证书，取得资格证书方可独立使用网络。法国政府还针对互联网特征，通过对学生、教师和教育机构进行培训和宣传来培养个体信息素养。法国政府与美国类似，还编制了具有网络工具书性质的网络"手册"等，作为信息素养的标准。新加坡由有培训资质的培训机构来负责媒介素养教育。教育者和教育机构都由国家严格把关。新加坡多年以来坚持为公众提供免费的媒体素养教育课程和活动，很多公益机构参与并对大众进行媒介素养教育。

第三，丰富信息素养教育的手段，增强教育的感染力。在信息道德和法制教育方面，美国对学生进行信息权利和义务观教育，哈佛大学的校园网则通过网上调查和网上法律知识竞赛等形式提高大学生的信息和法制素养。日本则对网络道德教育十分重视，通过学校和家庭对学生坚持长期引导。

信息素养是大学生适应新媒体时代所必需的基本素质，是大学生自身发展的需要，是将来走入社会必备的能力，只有系统全面地对大学生进行信息素养教育，才能使他们在纷繁的信息中排除干扰，从容地获取自己需要的正确信息；才能使他们拥有掌握信息、使用信息的能力，为他们的创造性活动提供不竭的源泉；才能使他们具有坚强的意志和判断力，拥有防腐拒变的能力；才能使他们具有约束自身的责任感，遵纪守法，不走弯路。信息素养教育为培养全面发展的人才提供了支持，信息素养教育是大学生在新媒体时代必须接受的教育之一。

第七章

高校新媒体思政教育评估

评估是教育过程中重要的组成部分，是教育者了解教育效果、提高教育水平的重要途径。我们可以通过评估来切实了解教育效果，并以此来推动教育改革，可以说它在高校新媒体思想政治教育工作中起着重要的宏观调控作用。通过评估和反馈，教育工作者可以充分了解到当前新媒体生态环境下思想政治教育工作的真正价值，有利于克服工作中的形式主义、教条主义和经验主义作风，通过不断调整和提高教育过程中各个教育要素的能力和水平，真正做到以评促改、以评促优，增强高校新媒体思想政治教育工作的方向性和目标性，对高校思想政治教育体系的构建起到积极的推动作用。

第一节 高校新媒体思政教育效果评估的内涵

教育评估对教育水平和教育成效的提高起着巨大的推动作用，要进行系统的研究，首要的问题便是明确"评估是什么"，只有在明确高校新媒体思想政治教育评估概念的基础上才能进一步了解评估的特征。实践表明，正是由于过去相当长的一段时间评估技术水平的"滞后"，已经成为制约高校新媒体思想政治教育工作的"瓶颈"。

一、高校新媒体思想政治教育评估的概念

在探讨评估问题之前，首先应该对评估的概念有一个基本的认识。"思想政治教育评估是对思想政治教育价值的定性或定量的评述和估价，用以判断思想政治教育活动是否实现了其应有的价值以及实现的程度如何。这是思想

政治教育的一个基本环节，是整个教育过程的有机组成部分。"①在网络环境下，网络教育评估与传统教育评估有很多相似和共同之处，但由于二者发生的教育环境和实施途径有了很大的差异，因此，两者在具体操作环节就有很大的差异。学界关于高校网络思想政治教育评估方法的研究成果较多，如广西师范大学的莫星群教授认为，高校网络思想政治教育评估是依据一定的评估标准，用定性与定量相结合的科学方法，对教育的最终结果做出综合的价值考察。学界对于高校新媒体思想政治教育评估的概念界定中，更多的侧重评估的尺度和评估的内容这两方面。基于以上观点，我们可以把高校新媒体思想政治教育的评估理解为，是以网络生态为基础，以实现政治教育目标为根本，依据一定的评估方法与评估准则，通过对新媒体教育活动的价值实施判断，从而来协调人与网络之间的关系，最终实现虚拟社会与现实社会的良性互动的实践活动。

由于高校新媒体思想政治教育自身的特性，在对其进行概念解析时，需注意以下几个问题：首先，高校新媒体思想政治教育的评估主要发生于虚拟的网络世界之中。因此，教育评估的主要参与者需要具备基本的网络素质，需要能够熟练地运用网络，同时还需是具备新媒体活动主体资格的现实个体。因此，这种评估活动具有强烈的主体性倾向，会体现出参与实践主体的个人情感好恶。同时，评估活动是新媒体参与主体性得到充分发挥的过程，也是其能动地认识事物以及探索高校新媒体思想政治教育发展规律的过程。只有充分发挥新媒体实践主体的积极性和能动性，才能提高评估活动的实效性。其次，在评估活动中要注意处理虚拟与现实的关系问题。高校新媒体思想政治教育评估活动尽管发生在网络虚拟环境当中，但其评估结果的价值是双方面的，既具有虚拟价值，又具有现实价值。当然，评估工作归根结底要立足于现实社会，要对现实社会和现实的人产生影响力，是社会价值和个体价值的统一。高校新媒体思想政治教育活动作为发生在网络虚拟环境当中的实践活动，主要是通过作用于政治、经济、文化和生态来引导大学生网民坚定中国特色社会主义道路信念。可以说，高校新媒体思想政治教育评估的最终目

---

① 张耀灿，等．思想政治教育学前沿[M]．北京：人民出版社，2006：482．

的就在于考察教育活动是否促进"网络社会""现实社会"以及"网络社会"与"现实社会"之间的协调可持续发展。但是，无论是评估活动的"虚拟性"还是"现实性"，它们都是通过一定的教育效果表现出来的，因此，对高校新媒体思想政治教育效果的评估是评估内容中分量最高、权重最大的评估要素。再次，高校新媒体思想政治教育评估活动的主要发生媒介为网络平台。高校新媒体思想政治教育评估活动发生在网络生态领域，是以评估人为主导，通过网络平台而实现的。没有评估人的参与，或离开网络平台都是难以实现的，评估活动是评估人与网络平台的精诚合作、责任共享、协同互助的过程。但是，两者的关系并不是平等的，网络平台要服务、服从于评估人的需要。同时，网络评估平台在满足评估人需要的基础上，还需要突出其评估的目的性特征，即高校新媒体思想政治教育评估过程是主观目的的现实化过程，评估实践的目的在于实现所预设的教育目标。也就是说高校新媒体思想政治教育评估活动本身并不是目的，而最终的目的在于把作为结果的评估反馈到教育过程本身，从而深化高校新媒体思想政治教育改革，使教育活动在不断地趋向教育目标的过程中从低级向高级发展。最后，高校新媒体思想政治教育评估工作要注意突出其政治导向性功能。高校新媒体思想政治教育评估工作是具有鲜明政治色彩的活动，这种政治导向性主要是通过评估过程中的评估尺度和评估手段表现出来的。评估过程中的原则、方法和标准等本身就是一定价值取向的反映，是一种抽象价值的具体化。可以说整个评估过程就是按照一定的评估流程，将一定的评估尺度与评估手段相结合，使得评估主体在特定的程序导向下实施评估，也就是说高校新媒体思想政治教育评估是一项制度化与规范性相统一的实践活动。

二、高校新媒体思想政治教育评估的特征

事物的本质属性是由事物的特征反映的。高校新媒体思想政治教育评估活动是以新媒体时代为背景，以新媒体技术的发展与应用为支撑，在继承和发展传统评估的基础上不断进行创新和发展。高校新媒体思想政治教育评估主要具有以下几个特征：

（一）评估手段智能化

高校新媒体思想政治教育评估手段与传统评估手段具有明显的差异，即

高校新媒体思想政治教育评估的目的和功能的实现是以人工智能化为重要依托的。传统评估主要是依靠问卷测评、实践调研、会议座谈、人工统计等手段进行教育信息的搜集、结果处理，对最终数据进行人工分析，得出教育活动的质量结果。这种评估方式由于具有形式单一、范围有限、信息量小等缺陷而最终影响了评估结果的可靠性。高校新媒体思想政治教育评估引入了现代化的手段，可以有效地避免传统评估方式中存在的缺憾。在现代化、智能化评估手段的支撑下，评估者可以综合运用多种网络技术工具，如云计算、大数据、网络化信息处理技术、网络信息系统、综合教育信息数据库、多媒体终端技术、计算机软盘等智能化工具，以此来取代传统评估过程中的搜集、登记、统计、计算、总汇等文本形式。高校新媒体思想政治教育评估者可以利用新媒体平台实施调查，从各种网站获取信息资源，下载、传输各种数据材料，这是传统思想政治教育评估所无法实现的。

（二）评估场域网络化

在传统评估过程中，绝大多数沟通需要进行面对面的交流来实现，这就意味着评估参与者是在特定的时间和特定的场所对特定的教育对象所进行的搜集信息的实践活动。互联网信息技术的迅猛发展为这项工作的实践注入了新的活力，使得评估的场域主要以网络平台为主，实现了从现实场域到虚拟场域的转变，通过网络技术构建起了一个功能多样、及时便捷、时空无线延展的网络评估场域。这种网络评估场域打破了时间和空间的束缚，使得评估行为达到了空前的自由。此外，网络评估场域在评估活动截止之前是一直存在的，使得评估活动不仅实现了空间上的自由性，也实现了时间上具有更大的弹性，评估者可以在限定的时间内随时进行评估，使评估活动真正实现了主体的最大自由度。可以说，评估场域的网络化是对评估主体性的最大尊重，是对人力、物力、财力的最大节省，同时也提高了评估的实效性。当然，评估场域网络化也加大了对评估过程的控制难度。在评估过程中，由于评估者很难直观感受到被评估者的心理情感变化，被评估者也很难及时与评估者进行沟通，造成在评估过程当中可能存在"机械化"的倾向，因此，评估过程还需要不断地改进和调整。

（三）评估主体多元化

高校新媒体思想政治教育的评估主体是指在评估过程中实施价值判断的

个人或群体。在高校新媒体思想政治教育评估活动中的评估主体构成是相当复杂的，主要包括教育者、被教育者、专家学者、个人、组织团体等。由于在评估过程中新媒体平台的参与，可以说最大限度地拓展了教育过程中所有教育要素的有效参与，真正实现了评估主体的多元化。

（四）评估内容的综合性

传统思想政治教育评估的内容构成一般来说是比较单一的，主要是以文字材料的形式呈现给评估者。由于技术条件的限制，评估人不得不被动地获取资料，不利于评估者对于资料的收集。高校新媒体思想政治教育评估借助网络手段，将各种存在于不同时空的信息以数字化的手段导入新媒体平台上，实现了评估内容的网络化和数字化。评估者可以充分利用新媒体平台上的资料，还可以自行查找相关信息，极大地便利了评估工作中对于评估信息的掌握和整理。与传统评估工作相比，高校新媒体思想政治教育评估内容的综合性和全面性是传统评估方式所无法比拟的。此外，高校新媒体思想政治教育评估内容的综合性还表现在它突破了简单的文字材料表达形式，可以通过文本、动画、图片、视频等形式表达，提高了内容的趣味性。

（五）评估过程的社会性

传统评估活动由于受到时间和地点等因素的限制，往往评估过程具有明显的地域性特征。高校新媒体思想政治教育评估由于网络自身的特性，使得评估过程在时间和空间上具有了更大自由度，可以实现更加广泛的社会成员的参与，体现出评估过程的社会性特征。在高校新媒体思想政治教育的评估中，评估活动作为一项社会性活动，其实现的过程具有一定的社会效益和社会价值。

第二节　高校新媒体思政教育评估的内容

一、评估指标的构成原则

（一）导向性原则

导向性原则是指在评估活动中，评估主体要始终对教育活动是否坚持正确的政治导向进行判断与界定。导向性原则主要体现在以下两个方面：其一，要考察高校新媒体思想政治教育活动中的指导思想是什么；是否坚持以马列主义、毛泽东思想和中国特色社会主义理论体系作为教育实施的根本导向；是否能够深化中国特色社会主义教育，让大学生网民做到真学、真懂、真信。其二，是要考察高校新媒体思想政治教育活动是否将导向性原则融入具体的工作中去，能够潜移默化地影响大学生网民，不断增强其理论认同、政治认同和情感认同。导向性原则是其他目标和原则得以实现的根本，如果评估工作丧失了最基本的政治导向，那么作为国家发展战略的网络阵地也就无法"坚守"，也就无法最终实现高校思政教育的根本目标。

（二）科学性原则

高校新媒体思想政治教育评估必须坚持科学性原则。科学性原则是在高校新媒体思想政治教育实践中形成的，体现着高校新媒体思想政治教育的客观规律，是开展评估工作的基本遵循。教育过程本身就是一个客观存在与发展着的历史过程，评估活动是对这一客观过程与效果的反映，因此，评估活动必须建立在科学和客观的基础之上，只有这样才能切实做到评估结果的公平和公正。所谓科学性原则主要建立在评估者对于评估指标的选取和评估方法的选择上要遵循科学依据，需要掌握其准确的含义和具备扎实的理论基础。科学性原则体现在以下两个方面：一是评估数据统计要具有便捷性和准确性，要能从各个侧面反映目标要求；二是在评估过程中数据指标要具有相对独立性，能够协调统一，真实反映教育效果。当然，由于评估活动归根结底是由人来主导的，而人由于其自身的特性，要做到纯粹的客观和公正是不可能的，只能做到最大限度的真实与客观。科学性原则是实施评估的基本原则，如果评估活动偏离了科学性的指导，那么评估工作也就无法实现其存在的真正价值和意义。

（三）虚拟与现实的辩证统一原则

网络世界中最主要的矛盾就是虚拟性与现实性之间的矛盾。高校新媒体思想政治教育评估活动本身就是虚拟与现实的综合体。一方面，它创设了一个独立于现实之外的教育空间，是一种现实存在却不是真实存在的教育活动，是虚拟与现实的对立统一；另一方面，这种虚拟活动又与现实有着千丝万缕的联系，是通过现实人的网络虚拟活动来最终完成的。因此，必须从虚拟走向现实，要立足于现实、服务于现实，最终实现高校新媒体思想政治教育评估活动的虚拟性与现实性的辩证统一。

（四）定性与定量相结合的原则

定性分析与定量分析相结合的原则是认识和实践的最基本的方法和原则。高校新媒体思想政治教育评估活动要遵循定性与定量相结合的原则，即评估活动需外向多维度，内向挖深度，既要有过程的评估，又要有效果的评估；既有宏观评估，又有微观评估；既有静态评估，又有动态评估；既有横向评估，又有纵向评估，真正实现评估的广度和深度的高度融合。当然，由于评估过程作为一种资源交互的过程，需要综合考虑评估过程中所有评估要素的构成，只有将定性与定量真正结合一体，才能保证评估指标体系的完整性和科学性。

二、评估指标的构成内容

评估活动作为一项复杂的系统性工程，评估指标构成是评估活动中首先要解决的问题，只有确保评估指标内容的完整和充实，才能最大化地发挥评估效益。高校新媒体思想政治教育的评估指标主要由以下几个方面构成：

（一）教育组织管理工作评估指标

从一定程度上来说，评估是对教育组织管理工作的一次综合考察。组织管理工作肩负着重大决策与指挥领导的职责，在教育工作中起着主导性作用。对教育组织管理工作的评估可以从以下几个方面进行考察：其一，组织管理人员构成是否健全，是否制订了科学明确的目标以及相应规划；其二，组织管理人员构成是否合理，组织管理者的个人素质水平和工作作风是否优良，是否能起到统筹全局的积极作用；其三，是否组建了专门的高校新媒体思想政治教育机构，以及内部是否权责分明；其四，组织管理者是否制定了各项管理制度，切实做到奖惩分明；其五，组织管理队伍是否可靠，是否建立了一支政治上可信、技术上放心的专业团队。

（二）教育内容评估指标

大学生是评估工作的参与者和受益人，因此，大学生对教育内容的需求是我们评估高校新媒体思想政治教育工作的重要指标。对教育内容的评估主要考察其政治立场是否鲜明，即是否坚持了党性原则，发出社会主义声音，唱响社会主义主旋律；教育内容的构成是否真实，是否是对问题的真实反映；教育内容是否具有创新性，能够给予大学生思想的启迪；教育内容是否能够及时更新，保证推送的教育信息能够紧跟社会的发展；教育内容的表现形式是否通俗易懂、轻松活泼，是否能够真正引起大学生的学习兴趣。

（三）网络教育平台评估指标

开展新媒体思政教育工作依托的主要阵地是大学生思想政治教育主题网站，因此，通过教育评估提高思想政治教育主题网站的建设质量也是高校新媒体思想政治教育评估的题中之义。首先，教育网站的设计风格是教育评估的重要内容。教育主题网站的内容呈现形式是否多样化，是否运用了图片、音乐、视频、动漫等多种视像技术；网站的栏目设置是否合理，是否充分满足了使用者的需要，是否真正做到以学生为本；主题网站的排版风格是否符合大学生的阅读习惯，是否综合考虑了字体、字号、色彩等多方面因素对大学生的影响。其次，主题网站的交互性能也是考察的重要指标。交互性是新媒体教育平台的一大优势，对交互性能的评估是十分重要的。当前，很多大学生思想政治教育网站在建设时对于交互性的重视程度远远不够，存在着将现实思想政治教育材料简单罗列、堆积到新媒体平台上的现象。对于交互性能的评估主要从交互功能的设置情况来进行评估，如从交互功能是否完备、交互功能的使用是否可以真正起到有效的作用、交互的频率是否恰当等方面进行考察。最后，评估高校新媒体思想政治教育平台的受关注程度。关注程度是高校新媒体思想政治教育平台的生命，对于教育平台的受关注程度的评估主要通过一定时间段内访问该平台的数量为评估依据。比如网站点击率的多少、微博文章的评论和粉丝数量、微信公众号的阅读量和点赞人数等。

（四）高校新媒体思想政治教育队伍评估指标

高校应通过过程考核和政策保障，定期对高校新媒体思想政治教育师资队伍建设的质量进行全面、深入的评估考察。对于教育队伍建设的评估考察主要包括以下两个方面：首先是教育工作者的素质要求，即是否具有一定的政治素质、道德素质及相关能力素养。"即看教育者是否具有正确的政治立场、政治信仰，是否具有集体主义观念、谦虚谨慎、良好的生活作风与道德品质；能够及时了解与掌握网络舆情的相关信息，并对教育客体进行恰当的教育，引导网络舆情健康发展；能否密切关注教育客体的网络动态，以教育客体感兴趣的方式进行教育，尊重客体的需求，增强教育工作的亲和力、感召力与吸引力；能否及时有效整合各种教育资源，更新教育内容，掌握网络话语权等。"[1]其次是教育工作者的技能要求，即教育者是否具有专业的理论知识和扎实的理论功底。一般来说，教育者的个人技能水平越高，教育的效果也就越好。

（五）教育效果的评估指标

教育效果的评价指标，即评估教育工作是否达到了既定的方向和目标，产生了一定的社会效益。首先，要考察大学生个体的思想政治素质状况，即是否坚持了正确的政治方向，是否使其思想和行为朝着社会主义发展方向上来。其次，要考察大学生社会化情况，即大学生社会化的程度如何，教育活动是否促进了大学生个体知识水平的增加和人格的不断完善。最后，要考察大学生主体意识的完善，即能够积极参与社会活动，并把为他人和社会服务作为自己的社会义务。

第三节 高校新媒体思政教育评估方法

一、评估的实施方法

任何目标的实现、效果的好坏都离不开科学方法的指导。因此，方法的应用至关重要。对高校新媒体思想政治教育的评估，应坚持正确的方法。

（一）定性评估与定量评估相结合

在教育评估中，最常用到的两种评估方法就是定性评估方法与定量评估方法。定性评估方法强调对事物的观察、分析、描述与归纳，是通过语言描述哲学思辨、逻辑分析等方式揭示出评估客体情况的信息分析与处理方法。定量评估方法强调对事物描述的精确性和数量化，是对事物的规模、速度、范围、程度等数量关系进行考察，在分析的基础上做出全局性判断。在处理定性评估与定量评估的关系时，要始终明确，定性评估是定量评估的最终要

---

[1] 唐亚阳，等. 网络思想政治教育学[M]. 北京：人民出版社，2016：266.

求,要理性看待评估过程中获得的数据和信息,要注重从整体性进行评估。当然,也不能忽视定量评估中的数据分析,要通过数据得出客观的结果,避免评估工作的主观随意性。评估工作要讲求全面性,要取长补短,把定性与定量评估有机地结合起来,真正将两者的优势发挥出来,做到由表及里,使定量评估最终走向定性评估,增加评估结果的准确性和说服力。就目前而言,随着信息技术的不断发展,拓展了定量评估的技术手段,评估者可以通过各种现代化的统计软件对获得的评估数据进行分析和整理,方便快捷地获得分析结果,提高了定量评估的评估效率。但是,定量评估法作为一种技术手段,它只能直接评估教育的各个要素,却无法将各个要素有机地整合起来,只有将定性评估与定量评估协调统一起来才能克服各自的缺陷,发挥各自的优势。同时,网络技术的发展为定量评估的内容开辟了一片新天地,充实了定量评估的内容。无定性的定量评估,往往会陷入机械式的"数字为王";无定量的定性评估,也容易失去标准而产生主观臆断性。只有坚持定性评估与定量评估协调发展,才能有助于评估结果真实可靠。

(二)形成性评估与总结性评估相结合

教育评估过程是一系列复杂的要素运行过程,并不只是简单的数据收集和整理,更重要的是通过评估信息的反馈调整教育活动中各个要素的组织和配合,最终实现教育的目标,使整个教育活动处于一个良性的循环过程当中。因此,在教育评估中既要重视阶段性的形成性评估方式,也要重视结果性的总结性评估方式。形成性评估一般是贯穿于高校新媒体思想政治教育的整个评估过程之中,存在一个比较长的时间跨度和较广的空间范围内,可以针对教育计划、方法等内容进行阶段性的判定与评估,对教育过程中存在的问题与缺陷加以纠正,明确今后的发展方向,强化工作中的薄弱环节。因此,我们可以把过程性评估看成是对教育过程发展的动态监控,是对高校新媒体思想政治教育工作的过程调节,是为了获取大学生思想政治教育过程中的一手资料而进行的调节与监控手段。只有加强过程性评估的力度,才能对教育过程中存在的问题及时地弥补和修正,才能保证教育始终处于一个良性的运行状态,使教育评估机制得到不断强化。此外,过去传统的评估方法往往容易过于偏重总结性评估,将高校新媒体思想政治教育中存在的问题错误地定位于一个孤立、静止的状态，评估结果往往不能很好地反映教育主体的阶段性建设状态，存在片面性。形成性评估很好地弥补了这一疏漏，实现了对教育运行状态的动态性评估。与形成性评估相对比，总结性评估更多的是对于高校新媒体思想政治教育的最终效果进行评估，是一种"宏观结果式"的评估，对整体教育过程具有强化和导向功能。在高校新媒体思想政治教育的结果性评估中，更多的是对于教育的方案计划、教育评价等因素进行考察，以此作为未来教育提高和改善的总体性参考。要发挥"1+1>2"的效果，就必须将过程性评估与总结性评估二者有机地结合起来，形成合力效应，使教育评估活动既能体现形成性评估所具有的针对性和指向性，又具有总结性评估的强化性和导向性。只有这样才能实现对高校新媒体思想政治教育的全过程动态跟踪，才能及时地掌握整个高校新媒体思想政治教育的进展情况，实现二者的优势互补。

（三）网络评估与现实评估相结合

新媒体思想政治教育本身就是网络与现实的融合，一方面，通过新媒体技术将教育者与大学生联系于一体，实现教育的目标；另一方面，高校新媒体思想政治教育过程中的各个要素归根结底是对现实世界的反映，这也是教育存在的根基。因此，要坚持将虚拟世界与现实世界有机地统一起来，通过网络评估和现实评估的辩证统一实现最终的评估目标。在网络评估中，大学生作为教育的参与者和受益人，可以从教育客体的角度对教育的发展做出如实反映。高校新媒体思想政治教育评估工作应号召广大在校大学生积极参与，要注意倾听大学生的声音、维护大学生的利益，真正做到"以学生为本"。当然，我们也应看到，由于大学生自身的知识和素养有限，对于教育的评估更多停留在主观感受上，比如网站风格设计、网页速度、功能设置等方面，更多的是针对那些具体的、明显的、直观性的教育内容进行评估。对于最终的评估结果来说，参与大学生网民的素质越高，其评估结果也就越接近客观情况，也就越可以起到评估的积极作用。同时，对于参加评估活动的大学生而言，参与本身也是一种自我学习和提高的机会，大学生可以通过这个机会加深对新媒体教育的理解，提高自身的学习兴趣和动力。

在积极发动大学生参与评估的同时，也应该加大现实视域中的评估力度。

由于网民自身的特点,评估的主观性较强,这就需要结合现实评估进行协调。现实评估的参与主体主要是资深的教育专家和学者、一线教育工作者、优秀学生代表等,他们主要是针对那些专业技术性较强、抽象的内容实施评估,如教育队伍整体水平、网络安全技术保障等。只有将网络评估与现实评估充分结合起来,互为补充,协调发展,才能真正将评估工作落到实处。

二、反馈与调节

高校新媒体思想政治教育工作是一个多层次的、系统性的复杂工程,包括信息的获取、处理、评估和反馈调节等各个环节,通过各个步骤的整体推进最终实现教育的目标和任务,因此,应及时掌握有效地评估反馈信息,通过对系统间关系进行协调,或矫正其运行偏差,保证整个教育过程平稳有效运行。首先,评估信息分析。评估的初步工作完成之后,就需要对评估的信息进行加工和分析,可以综合运用矛盾分析法、因果分析法、比较分析法等多种分析方法和手段对评估信息进行加工总结,最终形成整体性的评估结果。由于评估过程是一个复杂的系统性工作,评估信息具有多样性,这就需要评估者对评估信息进行系统、全面的加工与整理,去伪存真,使评估的结果具有更高的真实可靠性。同时,在评估信息处理过程当中要注意将各种评估结果联系起来,明确信息的产生原因及效应,用联系的、发展的眼光来看待每条评估信息。在对信息进行加工整理的过程当中,还要注意将同质同类的信息放在一起,对信息进行有效的分类整理,化繁为简。其次,反馈调节。"调节是建立在对大学生网络思想政治教育评估信息分析与整合的基础上,根据教育的现状与实施的效果,运用不同的调节方法,对影响、阻碍教育效果发挥的内因与外因进行综合调整,从而构建网上网下教育大环境、形成虚拟教育与现实教育的大合力。"[①]通过对高校新媒体思想政治教育工作进行评估,发现教育过程中出现的偏差或问题,并对这些问题进行调节和矫正,以保证整个教育过程的正向运行。因此,可以说对高校新媒体思想政治教育的评估和反馈调节工作是保证其教育效果的关键,也是教育水平不断提高的核心。最后,评估总结。在评估工作告一段落之后,还需要评估者根据评估反馈过

---

① 唐亚阳,等. 网络思想政治教育学[M]. 北京:人民出版社,2016:290.

程撰写高校新媒体思想政治教育评估报告。评估报告中需要对整个教育评估过程中的经验教训、优点与不足、成绩与问题等进行总结，从而推动高校新媒体思想政治教育工作在下一个阶段中取得更大的社会效益，也为不断完善高校新媒体思想政治教育工作指示更加科学化、制度化和专业化的发展方向。

参考文献

经典著作

[1] 马克思恩格斯文集(第一卷)[M]. 北京：人民出版社，2009.

[2] 马克思恩格斯选集(第四卷)[M]. 北京：人民出版社，2012.

[3] 马克思恩格斯文集(第五卷)[M]. 北京：人民出版社，2009.

[4] 马克思恩格斯选集(第七卷)[M]. 北京：人民出版社，2009.

[5] 马克思恩格斯文集(第八卷)[M]. 北京：人民出版社，2009.

[6] 马克思恩格斯文集(第九卷)[M]. 北京：人民出版社，2009.

[7] 马克思恩格斯文集(第十卷)[M]. 北京：人民出版社，2009.

[8] 马克思恩格斯全集(第四十二卷)[M]. 北京：人民出版社，1979.

[9] 马克思恩格斯文集(第四卷)[M]. 北京：人民出版社，2012.

[10] 列宁. 哲学笔记[M]. 北京：人民出版社，1993.

[11] 毛泽东选集(第一卷)[M]北京：人民出版社，1991.

[12] 毛泽东选集(第一卷)[M]北京：人民出版社，1991.

[13] 邓小平文选(第三卷)[M]. 北京：人民出版社，1993.

学术专著

[14] 张耀灿，郑永廷，吴潜涛，骆郁廷，等. 现代思想政治教育学[M]. 北京：人民出版社，2006.

[15] 韦吉峰. 网络思想政治教育研究[M]. 北京：新华出版社，2005.

[16] 郑永廷. 思想政治教育方法论[M]. 北京：高等教育出版社，2010.

[17] 邱伟光. 思想政治教育学概论[M]. 天津：天津人民出版社，1998.

[18]唐亚阳．网络思想政治教育学[M]．北京：人民出版社，2016．

[19]崔家生．网络思想政治教育研究[M]．济南：山东画报出版社，2016．

[20]鲁宽民．网络思想教育价值论[M]．北京:社会科学文献出版社，2014．

[21]杨立英．网络思想政治教育论[M]．北京：人民出版社，2003．

[22]冯鹏志．伸延的世界——网络化及其限制[M]．北京：北京出版社，1999．

[23]曾令辉，邓军，陆慧．网络思想政治教育概论[M]．南宁：广西民族出版社，2002．

[24]周庆山．传播学概论[M]．北京：北京大学出版社，2004．

[25]谢新洲．网络传播理论与实践[M]．北京：北京大学出版社，2004．

[26]谢泽明．网络社会学[M]．北京：中国时代经济出版社，2002．

[27]匡文波．网络传播学概论(第四版)[M]．北京：高等教育出版社，2015．

[28]郭玉锦，王欢．网络社会学[M]．北京：中国人民大学出版社，2005．

[29]王岑．网络社会：现实的虚拟与重塑[M]．长春：吉林人民出版社，2004．

[30]陈光磊，黄济民．青少年网络心理[M]．北京：中国传媒大学出版社，2008．

[31]肖前，等．辩证唯物主义原理[M]．北京：人民出版社，1985．

[32]谢海光．互联网与思想政治工作案例[M]．上海：复旦大学出版社，2002．

[33]李秀林，王于，李淮春．辩证唯物主义和历史唯物主义原理(第五版)[M]．北京：中国人民大学出版社，2004．

[34]骆郁廷．思想政治教育原理与方法[M]．北京：高等教育出版社，2010．

[35]周运清，等．新编社会学大纲[M]．武汉：武汉大学出版社，2004．

[36][美]比尔·盖茨．未来之路[M]．北京：北京大学出版社，1996．

[37]陈万柏，张灿耀．思想政治教育学原理[M]．北京：高等教育出版社，2015．

[38]李黎明. 传播学概论[M]. 武汉：武汉大学出版社，2011.

[39]檀江林，等. 高效网络思想政治教育研究[M]. 合肥：合肥工业大学出版社，2007.

[40]张再兴. 网络思想政治教育研究[M]. 北京：经济科学出版社，2009.

[41]李文明，吕福玉. 网络文化通论[M]. 北京：学习出版社，2012.

[42]郑杭生，李强. 社会运行导论——有中国特色的社会学基本理论的一种探索[M]. 北京：中国人民大学出版社，1993.

[43]陈秉公. 21世纪思想政治教育工作创新理论体系[M]. 长春：吉林教育出版社，2000.

[44]曾令辉. 网络思想政治教育概论[M]. 南宁：广西民族出版社，2002.

[45][美]曼纽尔·卡斯特. 网络社会的崛起[M]. 夏铸九，等，译. 北京：社会科学文献出版社，2004.

[46][英]巴雷特. 赛伯族状态：因特网的文化、政治和经济[M]. 李新玲，译. 保定：河北大学出版社，1998.

[47][英]麦奎尔，等. 大众传播模式论[M]. 祝建华，译. 上海：上海译文出版社，1987.

[48]沈壮海. 思想政治教育有效性研究[M]. 武汉：武汉大学出版社，2001.

[49]邓演平. 大学生思想政治教育论[M]. 长沙：湖南大学出版社，2009.

[50][美]波普诺. 社会学(第十一版)[M]. 李强，等，译. 北京：中国人民大学出版社，2007.

[51][美]凯萨琳·米勒. 传播学理论：视角、过程与语境[M]. 北京：北京大学出版社，2007.

[52][美]保罗·拉扎菲尔德，等. 人民的选择[M]. 唐茜，译. 北京：中国人民大学出版社，2012.

[53]陈志勇. 新媒体时代大学生的思想政治教育[M]. 北京：中国文史出版社，2014.

[54]罗洪铁，周琦. 思想政治教育学理论的形成和发展研究[M]. 北京：中国文史出版社，2014.

后　记

新媒体的蓬勃发展不仅彻底改变了传统的信息传播模式，也为高校思政教育注入了新的活力和可能性。新媒体凭借其信息量庞大、传播效率极高以及强大的互动性，为高校思政教育构筑了一个前所未有的广阔舞台。在这个平台上，高校思政教育不断创新教学理念、丰富教学内容、探索多样化的教学方式，广泛弘扬社会主义核心价值观，有力引导学生塑造正确的世界观、人生观和价值观，培养德智体美劳全面发展的社会主义建设者和接班人。

本书是在笔者博士毕业论文的基础上修改而成，当年博士毕业论文写作时，新媒体技术方兴未艾，同高校思政教育结合的广度和深度远不如当前，因此在本书出版前对很多内容都进行了调整和完善。

陕西人民出版社许晓光主任和各位编校人员为本书细致校勘，使得本书能够及时出版。

本书的写作和出版，得到了陕西学前师范学院学科建设与科研处、马克思主义学院的支持，陕西省哲学社会科学重点研究基地核心价值观培育与红色文化基因传承协同创新研究中心、马克思主义中国化重点学科提供了经费资助，同时也吸取了学术界有关的研究成果，在此一并表示衷心感谢！

书稿既已付梓，我也算终于完成了人生的一个小小夙愿。在新时代高校思政教育登上新媒体快车的形势下，在思政教育的实践中，我对书稿中很多问题的认识和理解将会进一步完善。

王丽君
2024 年 3 月